Ange Beltane

Se défaire des autorités extérieures… pour enfin croire en soi !

Témoignage d'une spiritualité incarnée.

Editeur :

www.beltane.fr

infos@beltane.fr

Turc

07 Place des Terreaux,

69001 Lyon

Année publication : Octobre 2014 ©

ISBN : 978-2-9550485-0-4

Imprimé sur les presses de l'Imprimerie Caladoise

69400 villefranche-sur-saône – France

Entreprise certifiée Print Environnement

Remerciements

Un immense merci aux personnes qui m'ont guidé et accompagné dans la découverte de moi-même et particulièrement à :

- Ghis (feue Ghislaine Lanctôt), et la démarche de Personocratia, qui m'a ouvert les yeux sur tout ce que je ne voulais pas regarder, sur mes peurs, sur le monde, mais aussi qui par son exemple et son courage m'a montré que le chemin était possible. Bon nombre d'informations ont été retranscrites ici. Je lui suis très reconnaissant de m'avoir accompagné sur le chemin de la Diessité... C'était au Canada.

- Claudia Aguirre qui m'a permis de réaliser que chaque personne est le miroir de moi-même ... C'était au Mexique.

- Don Miguel Ruiz qui m'a permis d'intégrer que j'étais l'artiste créateur de ma vie et que j'avais la responsabilité d'en faire un chef-d'œuvre... C'était au Costa Rica.

- Paul Pyronnet qui m'a appris à intégrer des processus très utiles et enseigner la PNL... C'était en France.

- Joris et Loïc Clément pour les illustrations.

- Ceux qui me soutiennent, ceux qui m'ont soutenu et à ceux à venir...
- Toi, lecteur, pour la joie du partage...

Je conseille au lecteur les ouvrages de Personocratia qui m'ont grandement inspiré et guidé dans mon cheminement personnel, ainsi que les ouvrages de Don Miguel Ruiz et tous ceux sur la sagesse Toltèque, Carlos Castaneda, Olivier Clerc, ainsi que les ouvrages de Saptrem, Mère et Sri Aurobindo.

Se défaire des autorités extérieures... pour enfin croire en soi !

Introduction

Cet ouvrage peut te faire penser à un énième livre de développement personnel ou spirituel, tant le sujet a été abordé par de multiples auteurs depuis quelques décennies.

On pourrait se dire à la lecture du titre : « Cela ne me concerne pas, j'ai déjà écumé des stages, des formations, lu quantité de livres et de techniques… Ce livre ne m'apportera rien de nouveau… ».

Détrompe-toi. Ce livre va bousculer toutes tes idées, ainsi que toutes tes illusions. Un excellent support pour remettre vraiment TOUT en question !

Ce livre peut s'avérer souvent inconfortable à lire, ou te mettre en colère. Il peut te paraître blasphématoire, radical, choquant ou méprisant en fonction de ton attachement à tes croyances. Celles-ci seront misent à l'épreuve, tu es prévenu. Non, ce n'est pas un livre pour te rassurer sur tout ce que tu sais déjà, mais bien pour te bousculer!

Ce que tu liras ici fait partie de mes convictions propres et de mes expériences. Je les assume complètement.

Cet ouvrage est donc écrit au « je » car il me concerne moi et ma vision des choses, celle en quoi je crois et ce dont je fais l'expérience au quotidien.

Je t'expose « Ma vérité ». Bien sûr, mon envie est forte de te dire qu'il s'agit de « LA vérité ». Mais j'ai aussi l'humilité et la conscience que la vie m'a souvent montré que tout ce que je croyais était faux. Je suis ouvert à changer mes opinions et à remettre en question ce que j'écris aujourd'hui dans ce livre, si la vie m'apporte la preuve et l'expérience du contraire. Malgré « ma vérité », je suis encore ouvert !

Ainsi, si mes propos te dérangent, ne le prends pas personnellement et mets les de côté. Il s'agit simplement d'un partage. Prends ce dont tu as besoin, ce qui te correspond. Mais ne jette pas le bébé avec l'eau du bain, dès qu'une opinion ne te plaît pas.

A toi de faire le tri et surtout de repartir plus riche ! Tu es adulte et assez grand pour cela. Tu as la responsabilité de savoir ce que tu dois retenir, appliquer à ta vie ou laisser de côté en attendant que, peut-être un jour, cela soit le moment pour toi... ou pas !

Chaque chapitre du livre est composé d' :

- Un apport théorique afin de comprendre comment discerner les fonctionnements différents de l'ego et de l'âme.

- Un exercice pratique. C'est ce que j'ai réalisé sur moi-même, tu peux le suivre ou non, sens- toi libre de le faire ou de continuer ta lecture.

- Un témoignage sur comment en suis- je venu à intégrer les concepts dont je parle, sur mes expériences et ce sur quoi je suis encore en chemin mais que je n'ai pas intégré dans mes comportements. Les événements relatés ne sont pas édulcorés et je te parle avec mes tripes. Mon vocabulaire peut te paraître un peu cru. Il relate comment les choses se sont passées pour moi.

Ce livre est écrit pour toute personne pensant avoir beaucoup appris dans les sagesses, les spiritualités, le développement personnel et autres... et pour leur permettre, sans concession mais avec sincérité, de se situer sur leur chemin.

Chaque chapitre mériterait d'être longuement développé et j'aurai pu écrire un livre entier par thématique. Néanmoins, par adaptation à notre monde moderne, je choisis d'offrir au lecteur un outil synthétique et efficace dans le partage de mes connaissances. J'ai pensé à indiquer quelques références concernant des informations inscrites, mais il pourrait y en avoir beaucoup d'autres car j'ai baigné dans différentes formations et lu pendant des années de nombreux ouvrages. Si tu souhaites « des preuves » ou des « sources fiables », tout est déjà écrit, élaboré et mis à disposition du public (livres, internet, revues, formations, etc...), je m'évite le désagrément de faire le travail à ta place, si tu es sceptique, à toi de te mettre en route et de chercher les réponses et celles que tu t'appropries.

Ce livre se situe en dehors du voile de l'illusion. Ce bocal de la mort, où les poissons tournent en rond pour finir par

---

mourir et être remplacés par d'autres poissons plus jeunes qui répètent encore et encore la danse de la mort.

L'avenir est devant et le chemin nouveau se crée à chaque instant. Le plus déstabilisant pour toi sera de voir que si nous appliquions les sagesses anciennes à notre monde moderne, cela le chamboulerait complètement et tout serait à refaire. On ne construit pas sa maison sur une base bancale. Nous avons tout à reprendre, dans notre relation à la spiritualité, à la société, à l'argent, à la famille, à la santé, et surtout à nous-mêmes !

Tu vas découvrir une conscience nouvelle de l'âme et de l'ego qui peut apporter des perturbations à l'intérieur de toi, mais aussi dans ta vie, si tu les appliques.

Attention aux turbulences !

Si en toi tu sens une énergie qui pousse, qui t'invite à réaliser qui tu es vraiment, peut-être que mon témoignage te parlera et alors pourras-tu faire une partie de ton voyage avec moi.

Qu'est-ce que cela t'apportera ? Rien de ce que tu ne possèdes déjà en toi, une vraie paix, sincère qui était peut-être simplement endormie, mais qui sommeillait en attendant le jour, où tu serais prêt à l'accueillir vraiment et à la réaliser en toi et autour de toi.

Si le fruit intérieur est assez mûr pour être cueilli, je t'invite à y goûter afin que son existence ne soit pas vaine et qu'il ne tombe pas sur le sol pour y pourrir…

Bonne lecture, bon courage et surtout bon voyage !

Se défaire des autorités extérieures… pour enfin croire en soi !

« Le monde tout entier aspire à la liberté,

Et pourtant chaque créature est amoureuse de ses chaînes.

Tel est le premier paradoxe et le nœud inextricable de notre nature ».

Sri Aurobindo (1872- 1950)

Se défaire des autorités extérieures… pour enfin croire en soi !

Chapitre 1 :

Un individu possède différents corps

Qui sommes-nous et que sommes-nous ? Moi être humain, je suis un être complexe et multiple. J'ai différentes caractéristiques, mais je les ignore et ma vie est un drame, car je ne sais pas qui je suis.

Se défaire des autorités extérieures… pour enfin croire en soi !

Le travail de Sri Aurobindo, Mère et Personocratia me permit, dans mon parcours de vie, de comprendre l'anatomie et le fonctionnement des différents corps, là où s'arrêtait généralement ce que j'avais appris dans les médecines douces ou thérapies brèves.

Je possède un corps physique

Le corps physique est visible, il se voit et possède des caractéristiques différentes d'une personne à l'autre. Cela est pratique, on peut se différencier et mieux se reconnaître.

Je peux être un homme ou une femme. Mon corps physique change avec le temps, il commence bébé puis il grandit, apprend à marcher et m'est très utile dans ma vie de tous les jours pour subvenir à mes besoins et vivre des expériences. Parfois, il tombe malade et finit par vieillir et mourir. La médecine allopathique s'intéresse uniquement à ce corps et à ce qui est visible.

Je possède un corps émotionnel

Mon corps émotionnel ne se voit pas, bien que j'en ressente les effets régulièrement. Certaines personnes ayant des facultés subtiles peuvent voir ce qu'elles appellent « mon aura ». Il existe même un appareil, le procédé dit « photographie Kirlian » (ou « effet Kirlian ») qui a été découvert accidentellement en 1939 par le technicien russe Semyon Kirlian et sa femme Valentina Kirlian. Les clichés Kirlian montrent un halo lumineux autour des personnes. Pour Kirlian et ses successeurs, attachés au domaine de la parapsychologie et des médecines énergétiques, la photographie Kirlian serait une manifestation de l'aura humaine.

Mon corps émotionnel est attaché à ses désirs et ses besoins. Il connaît des hauts et des bas. Si mes désirs sont comblés, je suis en expansion, je me sens joyeux, motivé, enthousiaste, je ressens une grande énergie en moi.

Si mes besoins ne sont pas satisfaits, je rentre en contraction, je me sens fatigué, triste, déprimé...

Mon corps émotionnel peut aussi être appelé le corps vital, car c'est lui qui fournit l'énergie au corps physique. Si mon besoin n'est pas satisfait, il coupe l'énergie au corps physique et c'est la dépression. Je tombe malade. Après la mort du corps physique, mon corps émotionnel finit lui aussi par mourir quelques temps après. Les médiums peuvent sentir sa présence. Les médecines douces comme l'acupuncture s'intéressent à rétablir l'ordre dans mon corps émotionnel. C'est pour cette raison qu'elles sont particulièrement préventives.

Je possède un corps mental

Mon corps mental est celui des pensées. Avec lui, je perçois la réalité qui m'entoure, je la filtre et je raisonne. Il m'aide à analyser, réfléchir, discerner, anticiper, organiser ma vie.

Se défaire des autorités extérieures... pour enfin croire en soi !

Si mon corps mental est en bonne santé, il devient créatif et trouve les solutions les plus adaptées à mes difficultés. S'il est particulièrement éveillé, il peut aussi s'élever et comprendre des concepts de spiritualité et s'ouvrir à différentes façons de penser.

Parfois, mon corps mental est malade, il croit à des mensonges et des croyances qui l'empêchent de percevoir la réalité. Il tire des conclusions sur tout et interprète, à partir de la peur, ce qu'il voit. Mon corps mental est influençable et peut perdre sa sérénité. C'est le chaos intérieur, il devient agité et les avis et bavardages intérieurs sont omniprésents.

Mon corps mental meurt lui aussi quelques temps après la mort du corps physique, puis après la mort du corps émotionnel, comme l'explique très bien Mère (L'Agenda de Mère, Satprem). La psychologie et les approches alternatives (PNL, Analyse Transactionnelle, Ennéagramme) s'intéressent à son fonctionnement.

Ces trois corps (physique, émotionnel et mental) sont sous la gouvernance de l'ego. Les peurs déforment les messages de l'âme, les trois corps ne les perçoivent pas ou les perçoivent alors de manière tronquée. Entre ces trois corps et ceux que nous verrons maintenant existe une séparation. Cette séparation, qui interfère dans notre bon fonctionnement humain, sera appelée ici l**e rempart des peurs**.

Dans ce rempart, sont agglutinées toutes mes peurs depuis l'évolution des espèces. Il fait office de filtre et d'obstacle, m'empêchant l'accès à mes autres corps. Cet obstacle est aussi bien personnel que collectif.

Je possède une âme

L'âme est la raison d'être de mes autres corps. Elle est la vie qui s'expérimente dans l'espace et le temps. En effet, je ne suis pas mon corps physique, car si on me coupe une jambe, je suis toujours moi. Je ne suis pas non plus mon corps émotionnel car, que je sois triste ou joyeux, cela ne change rien à qui je suis. Je ne suis pas mon corps mental ou mes croyances. Celles-ci changent et meurent, alors que moi je suis toujours vivant.

L'âme, c'est donc la vie, la raison d'être des autres corps. C'est l'âme qui donne vie à mes pensées, à mes émotions

---

et à mon corps physique. Lorsque je meurs, mon âme quitte progressivement mes autres corps.

Mon âme connaît la justesse parfaite, l'amour, la joie et la paix. Elle est immortelle et toute-puissante. Elle est souvent confondue avec le corps émotionnel quand les personnes utilisent des expressions très trompeuses comme « j'ai mal à l'âme » ; « mon âme est malade » ; « mes états d'âme » ; etc… Mon âme ne change pas d'état, elle ne peut pas être triste ou malade, elle est la perfection et la raison d'être de ma vie. Elle ne meurt pas. C'est encore une grande inconnue, beaucoup de religions et de spiritualités tentent de l'expliquer (à partir du corps mental). Mon âme possède la connaissance innée et l'intuition.

Je possède la vibration originelle

Cette vibration est partout à la fois. Elle a toujours été et sera toujours. C'est la vibration la plus haute et la plus subtile. Elle est le grand TOUT, parfaite et vit hors espace et hors temps. Les indiens appellent souvent cela « Le grand Esprit » dans le chamanisme.

Fonctionnement des corps

Tout est une question de vibration. Et les vibrations s'harmonisent où s'infectent entre elles.

Le corps physique est le corps le plus dense, c'est donc lui qui a la vibration la plus lourde. C'est pour cette raison que le corps physique se voit.

C'est le corps émotionnel qui donne le ton au corps physique. Par exemple, si je suis excité, mon cœur va battre plus vite. Si je me sens triste, j'aurai moins d'énergie.

Mais c'est aussi le corps mental qui va donner les consignes au corps émotionnel. Par exemple, si j'ai des pensées positives, mes émotions seront aidantes et je me sentirais bien dans mon corps. Si j'ai des pensées négatives toute la journée, mon corps émotionnel suivra et je finirai par tomber malade.

Tous les corps sont reliés entre eux. Par exemple, si je tombe et que je me blesse physiquement, mon corps émotionnel répondra au corps physique, et mes émotions influeront aussi sur mes pensées et mon corps mental.

Si je veux établir une certaine harmonie, il est préférable de donner la priorité à la vibration la plus légère et la plus haute, sans pour autant nier les précédentes.

Si je suis malade, je peux remettre de l'ordre dans mes émotions. Si mes émotions me mènent la vie dure, je peux les calmer par mes pensées. Si mes pensées sont confuses, je peux m'en remettre à mon âme.

L'âme est donc la vibration qui peut donner le ton à mon corps mental, et, en cascade, à mes autres corps si je décide de l'écouter.

Se défaire des autorités extérieures... pour enfin croire en soi !

Je peux donc choisir de :

- ❖ laisser mon âme guider ma vie et rencontrer la joie, l'amour et la paix, car tous les autres corps suivront (si l'ordre est établi entre eux),
- ❖ refuser d'écouter mon âme et laisser mon corps mental empreint de peur et déconnecté de qui je suis vraiment, faire sa loi. Je manifeste ainsi le désordre dans tous mes autres corps et me crée la maladie, la souffrance et la mort.

Exercice :

-J'observe lorsque je me sens bien, quel est le besoin (corps émotionnel) qui vient d'être comblé. Je prends conscience de ce qui se passe dans mon corps physique.

- Inversement, lorsque je me sens mal, quel besoin n'est pas satisfait ? Que se passe-t-il ?

- Dans une situation neutre, j'observe mes pensées et je remarque de quelle manière elles influencent mes émotions et mes comportements.

Synthèse :

- Je possède différents corps : un corps physique, émotionnel, mental, l'âme et la vibration originelle.
- Les corps sont reliés entre eux et font partie du même système.
- Il existe une grande confusion entre l'âme et le corps émotionnel, les deux sont TRES différents.
- J'ai une connaissance très incomplète de l'âme, car toute explication est donnée à partir du corps mental.
- L'âme est parfaite, immortelle, toute-puissante, paix, joie et amour pur.

Se défaire des autorités extérieures… pour enfin croire en soi !

Chapitre 2 : L'âme, la vie, l'autorité véritable.

Qu'est-ce que l'âme et quel est son but?

Comme nous l'avons vu, l'âme est la vibration qui est au-delà des pensées et du mental. Sri Aurobindo avait établi un ordre selon les différents niveaux de conscience et l'âme était bien au-delà. L'âme est la vibration créatrice

---

parfaite, possédant la connaissance innée, l'immortalité et le véritable amour.

Son but est de venir faire l'expérience d'elle-même dans la matière et dans tous les autres corps. L'âme choisit donc un véhicule et réalise ses expériences grâce à lui, comme expliqué dans la théorie de la réincarnation de la Bagavad Githa.

Comme une symphonie dans un orchestre, elle souhaite s'incarner et permettre aux autres corps de goûter qui elle est et expérimenter ainsi ses qualités dans la matière.

L'âme vit dans l'espace et le temps. Elle est la manifestation de la vibration originelle, manifestée dans un individu.

Le problème est la séparation existant entre ces deux niveaux, ce qui crée notre dualité. Comme l'être humain ne se prend que pour de la matière créée, il est donc déconnecté de l'autre partie de lui-même et pense que les événements qui lui arrivent dans sa vie sont issus soit du hasard, soit d'un créateur extérieur que les religions appellent Dieu ou la source, le divin, etc…

Comme l'être humain n'a pas conscience de qui il est vraiment, il vit donc dans la peur « Que va-t-il m'arriver?».

La peur vit toujours dans le futur. C'est une projection basée sur une illusion de l'esprit.

Le but de l'âme est de s'incarner progressivement dans tous les corps afin de les emmener dans cette conscience hors dualité. C'est un peu comme si la vibration originelle était une merveilleuse partition symphonique et qu'elle avait créé dans l'univers des millions de musiciens pour jouer ensemble harmonieusement cette douce mélodie. L'âme est la partition unique de chacun des musiciens qui a son rôle à jouer. Malheureusement, les cordes du musicien sont désaccordées (corps physique, émotionnel et mental). L'âme crée donc toutes les expériences dans la vie de l'être humain pour lui permettre de se réajuster à la réalité de qui il est vraiment, un musicien des plus talentueux, venant jouer sa partition sur terre !

C'est un long chemin. Nous pouvons être des créateurs conscients de qui nous sommes vraiment ou des créateurs inconscients.

Si je suis un créateur inconscient, je crée quand même, mais à partir de la peur. Je joue de la musique fausse avec des notes dissonantes et, même si je pense que je ne suis pas un musicien, je joue quand même... des fausses notes ! Comme je pense que je suis un être mortel et que je vis dans la peur, je crée donc la souffrance, la maladie, la vieillesse et la mort. Toutes les cellules de mon corps ont intégré ce programme de mort depuis des millénaires, du minéral au végétal et à l'animal pour enfin devenir un être humain. Ces mémoires et couches de programmation sont appelées : L'atavisme.

Le but de l'âme est donc d'élever la conscience de l'être humain afin qu'il crée non plus un monde de peur et de souffrance, mais un monde à l'image et à la ressemblance de qui il est vraiment, un être d'amour, de joie et de paix, immortel.

Pour cela, la déprogrammation de l'atavisme peut s'avérer très longue et peut prendre des centaines de vies ! L'âme n'est pas pressée, elle a tout son temps, car elle ne vit pas dans la peur.

Dans ce parcours, je possède le libre arbitre. Si j'accueille toute la création de mon âme, mes expériences de vie, mes apprentissages, mes difficultés comme des occasions parfaites pour me rappeler qui je suis vraiment, j'ouvre grand la porte à mon âme et elle peut venir s'accomplir et remplacer le vieux programme de mort de mes cellules par un programme de VIE.

Je peux aussi ne pas écouter mon âme et continuer mon chemin, mourir et revenir des milliers de fois. Mais un jour, voilà que je décide dans mon évolution de conscience de **donner le feu vert** à mon âme dans ma vie.

Exercice :

- Je repense à différents moments douloureux dans ma vie. Quel était le cadeau évolutif derrière, qu'ai-je appris sur moi-même ?

- Que s'est-il passé lorsque j'allais à l'encontre de ma petite voix intérieure ?

- Qu'ai- je expérimenté lorsque j'ai suivi mon intuition ?

- Si je souhaite poser une question à mon âme, et en obtenir une réponse, je vais marcher dehors. J'observe, la réponse viendra à moi naturellement (exercice proposé par Brandt Morgan dans son livre –« La marche de vision »).

Se défaire des autorités extérieures… pour enfin croire en soi !

Synthèse:

- Un individu est double .Il est à la fois la matière créée (le corps) ET la vibration originelle (L'Esprit).

- L'âme est immortelle. Elle a pour but de s'incarner pour expérimenter ses qualités dans la matière et créer un monde d'amour, de paix et de joie.

- L'âme apporte et crée toutes les expériences que je vis de manière parfaite pour me faire évoluer en conscience de qui je suis vraiment.

- Je peux m'abandonner à ce que crée mon âme par amour pour moi et vivre en paix ou faire la guerre avec ma création.

- J'ai une seule âme qui change de corps, tant que le cycle évolutif n'est pas terminé.

Mon témoignage :

Je chante et j'écris des chansons (www.beltaneangel.com). Depuis mes quinze ans, j'ai toujours voulu faire de la musique et j'ai surtout eu le désir de la partager.

J'étais souvent le vilain petit canard, mais autour de moi, on me trouvait au moins le talent de la créativité et de l'art.

Je me mis donc à rêver qu'un jour... je pourrais être moi aussi un chanteur... qui passerait à la télé, vivrait de ses chansons, je rêvais de réussir dans la musique et de « percer ».

Faire de la musique, c'était plutôt facile. J'écrivais les paroles de mes chansons la semaine pendant que je vivais au pensionnat et, le week-end, je m'enfermais dans mon grenier et je composais la musique à l'aide d'un vieux clavier.

Mais pour me faire connaître, fallait-il encore que je puisse enregistrer. Mes parents n'avaient pas les moyens de m'aider à payer des musiciens ou des studios d'enregistrement.

J'avais un atout, je savais faire des imitations humoristiques (Elie Kakou et Muriel Robin principalement) et du culot. Je suis parti, avec l'accord de mes parents et de quelques restaurateurs, jouer des sketchs dans les restaurants et je faisais passer le chapeau ensuite.

Se défaire des autorités extérieures… pour enfin croire en soi !

De par mon autonomie, je réussis à l'âge de quinze ans à sortir mon premier disque en autoproduction.

Les années passèrent, je quittais l'école après la seconde, je baignais dans le milieu artistique et je fus confronté à l'indifférence des maisons de disques et à toutes les difficultés que les artistes peuvent rencontrer.

Le sens profond que je donnais à ma vie était la réussite artistique. Mais les années passaient et, alors que je me saignais de tous les côtés pour réaliser mes rêves et mon projet, rien n'avançait.

Pendant plus de 10 ans, j'écumais les salles de concert, les bars, j'envoyais mes chansons auprès des maisons de disques, des radios, des télévisions, je faisais des concours de chant mais rien ne décollait.

Je sombrais de plus en plus profondément dans un désespoir profond, d'autant plus quand je voyais les artistes, que j'avais aidés par une production et l'école artistique locale que j'avais créée, réussir là où moi j'avais échoué !

Plus mon désespoir était profond, plus je cherchais des solutions. J'ai ainsi cherché, dans un long parcours à travers différentes philosophies, comment « attirer l'énergie » pour enfin réussir mon rêve et ce qui me tenait à cœur.

Rien ne marchait. Bien sûr, je n'étais pas sincère dans mes démarches spirituelles. Je les réalisais pour atteindre, par les jeux des mondes subtils, la réussite sociale.

Puis, peu à peu, je découvris une dimension spirituelle qui existait en moi, mais que j'avais ignorée ou mal comprise. Et plus les années passaient, plus je me formais dans cette direction-là, jusqu'à trouver un équilibre dans ma vie.

Un jour, j'ouvris les yeux et constatai que j'avais toujours rêvé de devenir artiste mais que j'étais finalement devenu accompagnateur en développement humain et spirituel par les différentes formations que j'avais réalisées.

J'aurais pu considérer cela comme un échec puisque mon rêve de gloire artistique n'avait pas atteint son but. Mais je constatai aussi, qu'en réalité, le chemin sur lequel la vie m'avait emmené était bien plus beau et épanouissant pour moi.

A travers les échecs et les difficultés, j'avais eu un parcours des plus intenses pour réaliser mon rêve, une autonomie dès quinze ans pour réaliser mes projets, la gestion d'artistes, de danseurs, de musiciens, la gestion de la promotion, la mise en place de concerts, la création d'une école artistique, les formations, les voyages spirituels, les expériences personnelles et les rencontres.

Non, le but extérieur de la réussite sociale n'était pas atteint mais le chemin m'avait tant permis de grandir intérieurement et de réaliser mon potentiel, celui-là même qui me servirait dans ma vie d'adulte !

Se défaire des autorités extérieures… pour enfin croire en soi !

J'ai pris conscience que j'adorais mon métier actuel (accompagnateur en développement humain) et que je vivais des choses merveilleuses.

J'ai pris conscience, qu'en réalité, j'étais toujours un artiste, mais un artiste de l'âme et que la musique que je partageais était celle du cœur.

Si la musique avait marché et que j'avais connu la facilité, je ne serais pas devenu la personne que je suis aujourd'hui et je ne serais pas en train d'écrire ces lignes.

J'ai pris conscience que je ne sais pas si j'aurais vraiment aimé voir ma personne grandir en restant esclave de ses ambitions.

Je me suis retourné et j'ai constaté que mes échecs avaient tous été un cadeau merveilleux, car c'était mon désespoir qui m'avait poussé dans la direction du développement humain et de la rencontre avec moi-même et des autres.

Aujourd'hui, j'aime ma vie. J'aime mon présent. Je constate que mon âme savait depuis le début ce qui était le meilleur pour moi. Et que là où auparavant je voyais des portes fermées, c'était mon regard qui était focalisé sur l'échec, tandis que la réussite intérieure, véritable et inconditionnelle s'ouvrait sur mon chemin de vie. Comment aurais-je pu le savoir, tant que je n'en avais pas fait l'expérience?

Aujourd'hui, j'ai compris que tout est parfait dans ma vie. J'ai compris que je n'ai pas à comprendre pourquoi les choses ne se passent pas comme je les souhaite.

J'ai compris que j'avais le choix :

- Aller avec mon âme, lui faire confiance et m'abandonner à elle dans sa perfection,

- Aller avec mon ego et mes ambitions pour maintenir en moi mes illusions.

Aujourd'hui, je fais encore de la musique. La réussite sociale m'importe peu et mes chansons n'ont jamais été aussi jolies. Elles n'ont d'ailleurs jamais autant plu qu'aujourd'hui, et je reçois beaucoup de retours positifs sur mon expression artistique.

Lorsque j'écris et que je compose, je n'ai plus d'attente sur quoi que ce soit. J'agis simplement le cœur ouvert et par amour de l'art. je constate aussi que je rencontre automatiquement l'échec dès que je rentre dans une forme d'attente.

Lorsqu'on me demande pourquoi je ne me produis pas plus souvent en concert, je réponds que c'est parce que la vie que mon âme m'a apportée me satisfait déjà pleinement et que je ne cours plus après le succès.

Une belle transformation s'est produite en moi et je me sens complètement accompli aujourd'hui dans mon travail d'accompagnant humain et spirituel.

Se défaire des autorités extérieures… pour enfin croire en soi !

Chapitre 3- L'ego, la survie, une fausse autorité.

a) Qu'est-ce que l'ego ?

Je n'ai pas conscience que c'est moi qui crée ma vie, je crée un monde *déformé*. Autour de moi, tout est faux, je baigne dans le mensonge, car tout ce que je crée est fondé à partir de la croyance que le créateur est extérieur à moi-même. Je vis dans une pièce de théâtre, un monde d'illusion avec des miroirs tordus de la réalité. Dans le monde de la réalité, c'est mon âme qui mène ma vie, c'est elle qui a le pouvoir. Mais étant inconscient de mon identité véritable d'âme créatrice, je me crée des reflets déformés. Ainsi, le reflet tordu de mon âme est mon ego. C'est le gouverneur du monde faux, il a autorité sur tout ce qui se trouve dans le miroir de ma vie, dans le monde d'illusion auquel je m'identifie.

Comme je ne sais pas que je suis la vibration originelle de toute vie sur terre et que je suis immortel, j'ai créé dans cette séparation avec moi-même la peur de ce qui pourrait m'arriver et la peur de la mort. Dans la réalité, je suis un être immortel qui se réincarne perpétuellement dans le cycle de vie, mais dans la pièce de théâtre que je prends pour la réalité, je crée la mort et j'ai peur d'elle.

De tous les règnes évolutifs, minéral, végétal, animal et humain, mes cellules ont développé des mécanismes de survie me permettant d'échapper à la mort, cette illusion qui n'existe pas, et que je me crée, par inconscience de moi-même.

L'intégralité de ces mécanismes de défense imprègne mon corps mental, émotionnel et physique et les rend malades, car ils ne sont pas la réalité de moi-même. Ces mécanismes étant déconnectés de mon âme, ils manifestent une vibration de plus en plus tordue par **le rempart des peurs** jusqu'à créer la maladie et la mort.

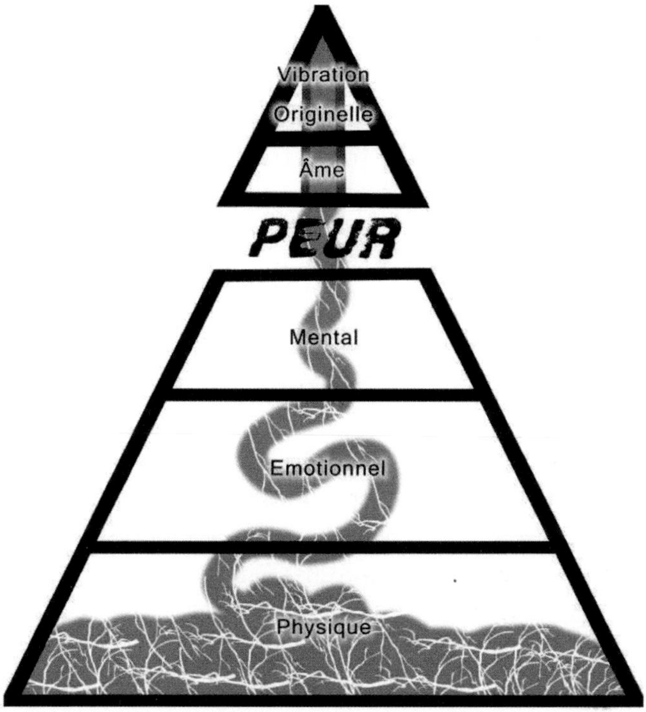

Ces mécanismes de défense se sont donnés une mission des plus importantes dans le monde d'illusion : survivre le plus longtemps possible en attendant de mourir !

Lorsque mon âme me hurle que je dois quitter mon travail parce que je ne me sens pas vivant, c'est l'ego qui

---

me dit « ce n'est pas grave, au moins tu peux payer ton loyer… Que vas-tu faire ensuite si tu ne trouves plus de travail ? Reste chez toi, le monde est dangereux, etc… ».

L'ego a donc une intention très honorable, car il cherche à me protéger. Il veut assurer ma survie !

Je réalise donc que je suis encore une fois un être d'amour et que mon ego est une vibration d'amour elle aussi, simplement toute tordue !

L'ego ignore qu'il fait partie du tout. Il se croit séparé des autres et de la création. Il vit dans la peur *« Qu'est-ce que les autres attendent de moi, que veulent-ils, dois-je me défendre, fuir, me battre ? ».* Il développe des stratégies qui me permettent de survivre.

Lorsque j'étais enfant, certaines d'entre elles, dans l'ignorance de mon identité, m'ont permis de survivre jusqu'à aujourd'hui. L'ego a donc créé des personnages et de multiples personnalités.

Par exemple, imaginons que j'ai eu enfant, un père alcoolique qui rentrait et me frappait. Pour échapper à celui-ci, j'ai mis en place la stratégie de la discrétion pour éviter de me faire remarquer. Puis, quand je me suis mis à rencontrer des inconnus, ce personnage créé par mon ego, ayant pour fonction de me protéger, me fait rentrer en pilotage automatique, provoquant un retrait avec le monde extérieur dans mon comportement. Je finis par m'identifier à ce mécanisme de défense et je pense que je suis timide. Les autres constatent cette timidité et ma famille, mes amis, mes professeurs enfoncent le clou de cet ego naissant en disant de moi « il est timide ». Ce n'est pas qui je suis réellement mais je me suis identifié à ce rôle et à ce personnage qui vient pointer son nez à chaque occasion où je suis prêt à m'ouvrir à l'extérieur.

Se défaire des autorités extérieures… pour enfin croire en soi !

Autre exemple, je peux avoir souffert de la solitude pendant longtemps. Puis un jour, je remarque que je peux capter l'attention des autres autour de moi en partageant des informations, des connaissances et que cela marche puisque les gens viennent à moi à ce moment-là. Le nouveau personnage mis en place prend automatiquement possession de moi, dès lors que je rentre en contact avec un groupe, il me fait prendre la parole souvent et devant tout le monde, en parlant fort et en me faisant remarquer.

L'ego est donc attaché à la survie et c'est une armure qui devient de plus en plus épaisse au fil du temps si je n'en prends pas conscience et que je continue à le nourrir.

L'ego vit dans la peur de mourir et l'une de ses caractéristiques est la peur du manque. Il est insatiable et jamais satisfait. Il me fait mener une vie qui devient de plus en plus infernale.

Plus il me fait acheter de vêtements, plus il me dit que je n'ai rien à me mettre en ouvrant mon placard. Plus il me montre que je peux obtenir de la reconnaissance dans mon travail, plus il me donne des défis pour l'étendre et en avoir encore plus. Il est assoiffé de pouvoir. Mon ego est éternellement insatisfait, tout ce qui l'anime est la peur de mourir.

Tant que je n'ai pas conscience que je n'ai rien à craindre puisque mon âme me crée toutes mes expériences par amour pour moi, c'est lui qui prend les commandes.

Plus je lui obéis, plus mon armure devient de plus en plus opaque et le contact avec mon âme s'étouffe progressivement jusqu'à devenir un 'conte pour enfants'.

Je n'ai plus accès à la connaissance innée, je n'ai plus confiance en moi. Mon ego prend le dessus dans toutes les situations et s'efforce que j'obtienne la sécurité à l'extérieur, il a peur de la mort et, paradoxalement, c'est lui qui me tue, car plus je me protège, moins je vis et plus j'étouffe.

Écouter mon ego devient de plus en plus épuisant et je finis par devenir malade. Un jour, je suis vieux, épuisé et je me rends compte que je n'ai pas vécu, que j'ai passé tout mon temps et mon énergie à survivre. Il est trop tard, mon corps physique est épuisé, il va mourir et je réalise à ce moment-là que je suis passé à côté de ma vie.

Se défaire des autorités extérieures… pour enfin croire en soi !

Exercice:

- J'observe dès que je suis en situation de stress les masques que je porte. J'observe mon personnage égotique prendre possession de moi-même et prendre le contrôle sur mes raisonnements, mes émotions et mes réactions physiques.

- Je m'observe dans mes comportements de défense et de manipulation (chercher à avoir raison, obtenir l'approbation des autres, obtenir leur affection).

- Je m'observe dans mes comportements de fuite (remettre les choses au lendemain…, éviter certains sujets…, baisser la tête…, éviter un regard…, ne pas faire de vagues…).

Synthèse:

- Je vis dans un monde faux, la réalité est déformée à cause de mon inconscience.
- L'ego est le personnage protecteur qui me sert à survivre. Il a peur de mourir, déteste l'imprévu, le changement, il veut tout contrôler.
- Plus j'obéis à mon ego, plus il se renforce et devient de plus en plus fort. Il vit dans la frustration permanente.
- L'ego triche, ment, manipule.
- L'ego agit sous prétexte de mon bien et de ma sécurité, alors que c'est à cause de lui que je finis par mourir.

b) **Comment s'en défaire ?**

En 1940, Abraham Maslow a mis au point une pyramide indiquant les besoins humains.

Ils se répartissent en cinq niveaux :

Se défaire des autorités extérieures... pour enfin croire en soi !

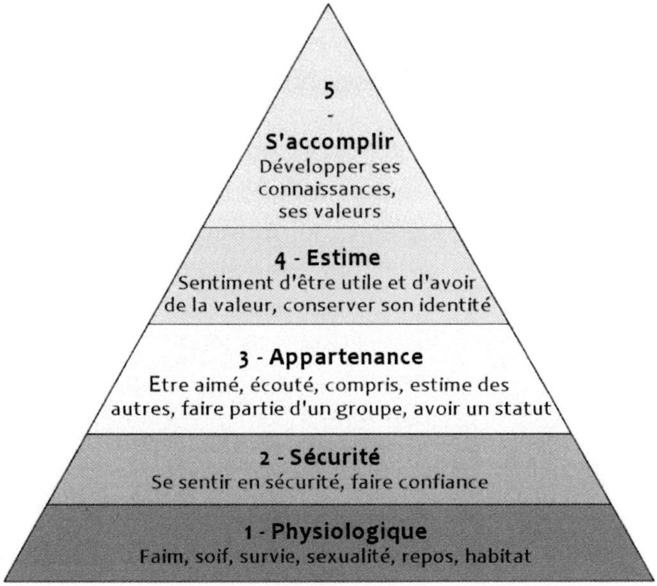

- Les **besoins physiologiques** sont directement liés à la survie des individus ou de l'espèce. Ce sont typiquement des besoins concrets (faim, soif, sexualité,...).

- Le **besoin de sécurité** consiste à se protéger contre les différents dangers qui nous menacent. Il s'agit donc d'un besoin de conservation d'un existant, d'un acquis. Il s'inscrit dans une dimension temporelle.

- Le **besoin d'appartenance** révèle la dimension sociale de l'individu qui a besoin de se sentir accepté par les groupes dans lesquels il vit (famille, travail, association, ...).

- Le **besoin d'estime** prolonge le besoin d'appartenance. L'individu souhaite être reconnu en tant qu'entité propre au sein des groupes auxquels il appartient.

- Le **besoin de s'accomplir** est selon Maslow le sommet des aspirations humaines. Il vise à sortir d'une condition purement matérielle pour atteindre l'épanouissement.

L'ego, outil de survie, est donc **attaché** à l'assouvissement de ces besoins. Si l'un de ces besoins n'est pas satisfait, il coupe l'énergie au corps émotionnel (corps vital). Je me sens épuisé, je peux tomber malade.

Maslow explique que pour qu'un individu se développe, il doit donner la priorité à la satisfaction des besoins primaires avant de monter plus haut dans l'échelle.

Or, dans les faits, plus mon ego est nourri, plus il est assoiffé et insatisfait.

Par exemple :

Se défaire des autorités extérieures… pour enfin croire en soi !

Plus j'ai de relations sexuelles (besoin n°1), plus ma libido grandit. Plus je mange, plus mon estomac grossit, plus j'ai faim !

Plus je m'entoure de sécurité (besoin n°2), plus j'en réclame, plus je prends des assurances, assurances santé, incendie, vol, vie, décès !!!!!

Plus j'obtiens de la reconnaissance dans mon travail (besoin n°3), plus mon mental est à la recherche de nouveaux projets pour étendre encore plus cette reconnaissance, cela devient une ambition.

Plus je suis entouré et, même si je vis avec une personne avec qui je partage mon affectif (besoin n°'4), plus je rêve d'une amante ou d'un amant qui me donnera une étincelle de vie pour rendre celle-ci encore plus riche.

Avec un ego de plus en plus tyrannique, il m'est donc impossible d'arriver enfin au besoin de m'accomplir (besoin n°5) et je passe mon temps et mon énergie à courir après une carotte qui n'existe pas, avant de trouver un sens à ma vie.

Le développement personnel m'invite à trouver des alternatives et des solutions pour combler mes besoins.

Par exemple, si je vis une séparation affective, mon besoin d'estime est insatisfait, mon ego de survie coupe l'énergie à mon corps émotionnel et je reçois une alerte qui m'invite à remédier à ce problème.

Je me mets donc à la recherche d'une nouvelle conquête, j'apprends à m'améliorer dans ma communication, dans mes objectifs et ma gestion émotionnelle. Puis j'atteins mon but et trouve la personne recherchée. Mon besoin est satisfait et je retrouve une vie normale... tant que la personne est là !

Bien qu'extérieurement j'ai remédié au problème, la peur de la solitude est toujours en moi, je la porte encore. J'ai simplement mis un pansement et ma peur est anesthésiée.

Je constate que tous les besoins sont liés à ma survie et sont emprunts de la peur de mourir.

Par exemple, si je porte en moi la peur de la solitude, j'aurai un besoin d'estime. J'ai donc besoin de me sentir reconnu par mon entourage et de ressentir une utilité dans ma différence.

En quoi est-ce que ma peur de la solitude et mon besoin d'estime portent la peur de la mort ?

Si je me retrouve seul :

- je ne suis pas utile aux autres -> je risque de ne pas avoir ma place dans la société -> **peur du rejet** ;

- si je n'ai pas ma place, je ne peux donc pas avoir d'amis et de travail. Si je n'ai ni ami, ni travail, je me retrouve sous les ponts -> **peur du danger**.

- si je me retrouve sous les ponts et que je suis malade, je meurs et personne ne s'en inquiète -> **peur de la mort**.

Toutes les peurs portent dans leurs racines la peur de la mort.

Observons ce schéma dans lequel est associé derrière chaque besoin une peur :

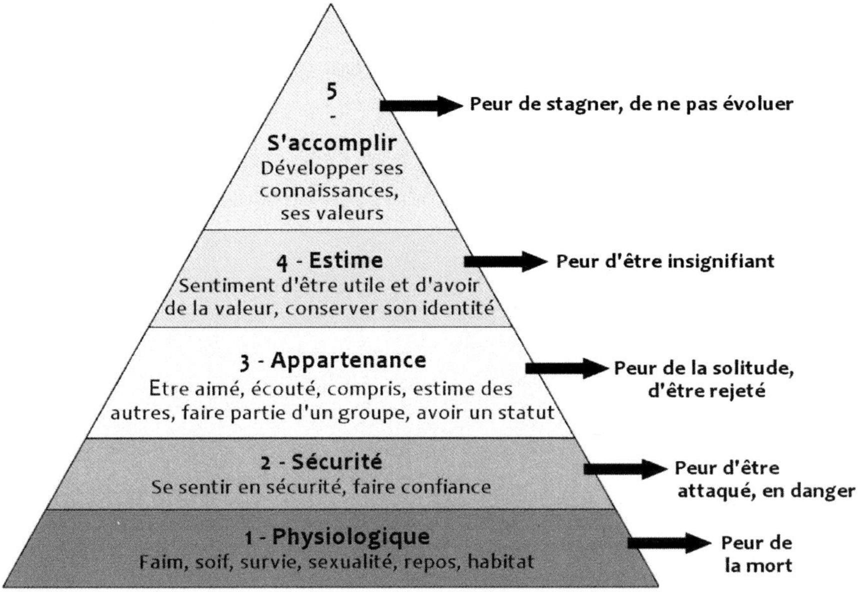

Je suis donc rempli de peur, et je me suis tellement entouré de sécurité, que je ne les sens même plus !

Mon corps émotionnel répond à la satisfaction de l'un de mes besoins. Lorsque je ressens de la 'contraction', c'est parce que l'assouvissement de mon besoin n'est pas satisfait. Lorsque je suis en 'expansion', c'est parce qu'enfin, je ne ressens plus ma peur. Mon corps émotionnel répond continuellement aux peurs que je porte, même lorsque je suis dans des émotions plaisantes !

Je suis bien loin d'être qui je suis ! Si je n'avais pas de peur, je ressentirais un amour et une paix inconditionnels. Comme son nom l'indique, inconditionnel veut dire sans cause, sans raison. Que mon besoin soit satisfait ou non,

---

ma joie et mon amour ne dépend pas des circonstances extérieures.

Si je veux me défaire de mon ego, j'aurai une démarche inverse aux solutions proposées dans le développement personnel.

Pour reprendre l'exemple de la séparation :

Face à une situation de rupture, **j'affronte donc ma peur de la solitude**. Si je suis dans une démarche spirituelle de m'accomplir et de découvrir qui je suis, je prends la décision de **rester avec moi-même et de guérir ma peur de la solitude en l'accueillant, et en vivant ma solitude**.

Je remercie mon âme de m'avoir offert le cadeau de cette séparation afin de me faire évoluer en conscience de qui je suis. J'obéis aux circonstances et je fais face à ma solitude au lieu de la fuir. Mon ego se défend, il devient furieux. Il me coupe mon énergie vitale, je peux tomber malade. Je garde confiance, car je sais que mon ego s'accroche désespérément à la survie et qu'il a décidé de m'imposer sa loi, tandis que mon âme m'a apporté une expérience évolutive parfaite. Je remets l'ordre dans ma vie et donne le pouvoir à mon âme.

Je suis alors confronté **au rempart des peurs** que je dois traverser. C'est une étape difficile qui prend du temps. Je ne panique pas, ne cours pas chez un docteur qui me donnera des antidépresseurs qui feront la guerre avec ma création et gèleront ma douleur. Je me suis créé une dépression, c'est un cadeau que je me fais. J'arrête de juger les circonstances extérieures, je garde foi et je sais que **tout est parfait**.

Quand le rempart de ma peur de la solitude est traversé, ma peur est guérie définitivement. J'ai donc accès à mon âme et je peux ressentir cet amour pur et inconditionnel que j'ai toujours porté en moi, mais que je ne connaissais pas.

Dès lors, je n'ai plus peur et n'ai plus besoin de relation. Cela ne veut pas dire que je serai seul pour autant. Cela veut dire que je ne serai plus **attaché** à la satisfaction de mon besoin de relation.

Cela entraîne une grande liberté pour moi, je ne cherche plus à contrôler les événements, ni à contrôler les gens. J'ai la capacité intérieure à les aimer tels qu'ils sont sans vouloir les changer. Je ne suis plus dépendant, ma vie est un paradis.

Quand ma peur de la solitude est suffisamment guérie, je suis prêt à passer à une autre étape et descendre un peu plus dans la pyramide de Maslow pour guérir un besoin et une peur un peu plus ancrés en moi.

Un jour viendra où j'aurai tellement guéri toutes mes peurs que mes besoins physiologiques de survie disparaîtront aussi. Mon corps changera et manifestera une création parfaite, à l'image et la ressemblance de qui je suis vraiment, immortel.

Le chemin est long ! Il demande une volonté, une détermination évolutive et un abandon complet envers les expériences que l'âme apporte. C'est pour cela que je suis venu sur terre ! Pour évoluer en conscience, pas pour assurer mon confort en attendant la mort!

Que veut dire l'abandon ?

Se défaire des autorités extérieures… pour enfin croire en soi !

Je ne cherche plus à contrôler ou à lutter avec ma vie. Je sais que chaque événement est une occasion pour grandir et pour évoluer en conscience. Je donne le feu vert à mon âme.

Il est fort probable que mon âme m'apporte des occasions parfaites pour me faire évoluer. Si je crois que mon âme m'apportera plus de réussite matérielle, affection, bonheur… je me trompe. Mon âme sait parfaitement en quoi je suis prêt pour passer à l'étape suivante et lui permettre de s'incarner encore plus dans le corps.

Je ne grille pas les étapes. Par exemple, si je suis en relation et que tout se passe bien, je ne décide pas d'y mettre un terme sous prétexte que je veux évoluer spirituellement pour affronter ma peur de la solitude. Dans ce cas-là, c'est encore mon ego qui parle et qui s'est déguisé en spiritualité. Si je décide de m'abandonner à mon âme, cela veut dire que ce n'est pas non plus mon corps mental qui choisit les expériences que je dois vivre dans mon évolution.

Je m'abandonne, cela signifie que je n'ai aucune idée de ce que mon âme va m'apporter et décider de me créer. Je sais simplement qu'elle apportera exactement ce que je suis prêt à vivre et que, si je ne le suis pas, elle attendra le bon moment pour moi. Je peux donc vivre dans une grande abondance extérieure et vivre des expériences évolutives à un certain niveau.

Si ma vie ressemble à un désastre extérieur, je peux me réjouir, car cela est le signe que je suis prêt à guérir et à transformer mon ego de survie à un niveau bien plus profond. Comme le dit la sagesse chrétienne :

> Mathieu 20,16 : Ainsi les derniers seront les premiers, et les premiers seront les derniers.

Exercice:

Face à une situation difficile que je me crée pour évoluer en conscience, je peux avancer en 5 étapes :

- Je nomme le besoin qui n'est pas satisfait. Je découvre aussi la peur que je porte.
- Si mon corps émotionnel est trop en souffrance, je cherche une alternative pour combler temporairement ce besoin, tout en gardant à l'esprit que je suis en train de me payer une expérience évolutive.
- Dès que je vais mieux, je fais face à ma peur et je fais ce qui me fait peur.
- J'avance doucement par amour pour moi, je me donne beaucoup de compassion et je fais ce dont je suis capable. Je me félicite dans mes progrès.
- Vient un moment de révélation, où la peur a disparue. Je ressens la vraie paix, une joie pure et un amour inconditionnel émanant de l'intérieur de moi. Ce que je manifeste dans ma vie extérieure s'améliore, car je n'y suis plus attaché.

Se défaire des autorités extérieures… pour enfin croire en soi !

Synthèse :

- Nous avons des besoins sur 5 niveaux (physiologiques, sécurité, appartenance, estime, accomplissement).
- Derrière chacun des niveaux se cache une peur (survie, danger, solitude, inutilité, stagnation).
- Le développent personnel nourrit l'ego et je n'arrive jamais à la satisfaction totale de celui-ci.
- L'âme crée des occasions parfaites pour me permettre de franchir **le rempart des peurs** et accomplir qui je suis.
- Lorsqu'une occasion se présente, je m'abandonne à mon âme et lui donne **le feu vert**.
- Je garde courage et patience. Mon corps **s'imprègne** de plus en plus de la vibration de mon âme. Je touche le besoin essentiel de m'accomplir, car je fais l'expérience de qui je suis vraiment.

Mon témoignage

Quelques jours avant un stage que je donnais en Chartreuse, je suis réveillé une nuit avec une douleur atroce partant du rein jusqu'aux parties génitales. Ayant déjà vécu l'expérience de calculs rénaux (c'est un petit caillou qui se coince entre le rein et la vessie, empêchant l'urine de s'évacuer et provoquant une dilatation du rein extrêmement douloureuse), je réalise ce qui est en train de se produire.

Mon réflexe immédiat est l'envie de me précipiter à l'hôpital pour prendre des antalgiques ou de la morphine pour faire cesser cette douleur.

Je me ressaisis et me dis « Veux-tu faire la guerre avec ta création ? Tu te crées l'expérience de la douleur, tu ne vas pas en mourir, abandonne- toi à elle ! ».

La douleur est des plus intense et complètement paralysante. Je m'allonge et je répète à toutes mes cellules, comme un mantra, « Je m'abandonne à mon âme, je ne cherche pas à éviter la douleur, merci, tout est parfait en cet instant, même si je ne comprends pas quel est le cadeau pour moi».

Mon mental ne cesse de me répéter « Va à l'hôpital puisque ça ne va pas passer », je sens la peur, en plus de mon mal physique, monter en moi.

Je me répète « Je n'ai pas à anticiper ce qui va arriver, je n'en sais rien, je m'abandonne au moment présent ».

La crise ne dure pas très longtemps. Nous sommes le lundi et le stage que je donne commence le samedi. Le mardi, aucune douleur. Le mercredi, re-belote, en pleine nuit, une crise arrive à nouveau. Je me mets à recommencer mon mantra, mais cette fois-ci je passe une nuit blanche, la douleur et la crise ne s'arrêtant qu'en matinée. Nous sommes le jeudi matin, je n'ai rien dormi et je sais que mon stage arrive le samedi, où je dois être prêt et en bonne santé pour accompagner un groupe de douze personnes avec leurs egos et leurs problèmes pendant une semaine intensive.

Mon mental qui ne cesse de vouloir ma sécurité à venir me harcèle pour que j'aille au moins passer une échographie et une radio, pour voir si le caillou est assez petit pour s'évacuer ou trop gros, et dans ce cas, pas de stage possible, mais une opération par la mise en place d'une sonde pour aller le chercher.

Je pars faire une échographie et une radio, et là verdict, le calcul mesure plus de 5 mm, il a 90% de raison de ne pas passer car il est apparemment bloqué juste avant la vessie et les crises vont reprendre. Tout est parfait ! Je dis à Ryan, mon ami qui commence à s'inquiéter pour moi, « Ça veut dire que j'ai quand même 10% de raison que tout se passe bien et, en plus, j'ai envie de laisser mon âme en décider, je sens que je vais quand même aller faire ce stage ».

Ryan comprend ma démarche spirituelle et il me soutient inconditionnellement. Il me fait part de ses inquiétudes, mais me laisse à mon libre choix. Fin d'après-midi, la crise revient à nouveau, je suis dehors en voiture, les douleurs sont un véritable calvaire, je suis dans l'incapacité de conduire. Nous appelons une de mes amie qui vient me chercher et me ramène chez moi avec mon véhicule.

Je passe une nuit épouvantable. Je ne cesse de me répéter mon mantra, puis à 5 heures du matin, je craque, je sens que je ne peux plus supporter cette douleur, je suis épuisé, je n'ai pas dormi depuis deux jours, les douleurs me font vomir sans arrêt, je suis déshydraté et je réveille Ryan pour lui dire que j'appelle une ambulance et que je décide de partir à l'hôpital.

Arrivé là-bas, on me calme avec des antalgiques puissants, j'ai de nouveau droit aux radios (encore !!!) mais le diagnostic n'est pas le même ! La taille du calcul a changé, il est de 8 mm et apparemment il y en a beaucoup d'autres dans les reins. Je me fais la remarque que la médecine n'est pas une science exacte, je vis l'expérience d'un changement de diagnostic selon le médecin avec seulement quelques heures d'écart...

Je réalise que je suis en train de me créer une réalité à mon image et à ma ressemblance et que c'est la peur qui vient de prendre complètement le contrôle sur moi. La crise disparaît, je dois me décider pour samedi. Le stage commence demain, je suis épuisé et je dois me rendre à 150 km de chez moi seul en voiture pour assumer le stage.

Je reviens à moi et me pose :

- Quels sont mes besoins ? Que veut mon ego dans la survie ?

Je réfléchis que j'ai besoin de préserver mon image auprès du groupe et que si je prends le risque de faire le stage, je vais mettre tout le monde en difficulté si mes crises reviennent. Ma peur est donc la peur de ne pas être reconnu par mes participants et de passer pour une personne complètement inconsciente, alors qu'ils viennent pour apprendre comment vivre une sagesse ! Derrière ce besoin se cache donc la peur d'être rejeté et de ne plus être crédible !

J'ai aussi besoin de sécurité car si je prends la décision de faire le stage, je vais me mettre en danger moi-même et je serais vraiment loin des hôpitaux en haut de la montagne, ce n'est pas du tout commode pour moi si les douleurs sont trop atroces. J'ai donc peur de mourir (les médecins me disent que mes reins peuvent s'infecter si ça continue mais j'avoue que je commence à ne plus les croire…).

Je fais le vide à l'intérieur de moi et j'appelle mon âme. Quelle est ma justesse, que dois-je faire ? Que me dis-tu ?

Je ressens que ma crise est passée et que je suis dans le moment présent. Tout va bien. Je réalise que je n'ai aucune connaissance de l'avenir. Si j'annule le stage, ma décision repose sur la peur, des suppositions désastreuses, alors que je n'en sais rien.

Je marche dans la rue et je demande à mon âme de m'envoyer une réponse, un signe. J'arrive vers un feu rouge et au moment où je m'approche de celui-ci, il devient vert à mon arrivée. Je viens d'obtenir ma réponse. Je vais faire le stage quand même.

Je n'ai aucune idée de comment cela va se passer. Peut-être dois-je vivre ce détachement par rapport au regard de mes participants ? S'ils ne me font plus confiance, c'est leur histoire, pas la mienne. Moi, j'obéis à mon âme.

J'appelle une amie (Valérie) qui a fait le stage avec moi au Mexique et sachant qu'elle aimerait un jour devenir enseignante spirituelle, je lui expose la situation. Je lui propose de venir et de me remplacer en cas de besoin. Elle se pose des questions sur ses compétences, elle n'a pas complètement confiance en elle. En même temps, elle se dit que c'est une belle opportunité et elle comprend que si je lui demande, c'est que j'ai confiance en elle. Elle n'hésite pas très longtemps et accepte de venir le lendemain.

J'écris sur ma page Facebook la situation et ma décision de partir faire le stage quand même, car je souhaite nourrir mon besoin de soutien et d'encouragements face à cette décision qui me fait très peur. Je m'autorise à nourrir un peu mon ego.

Grosse erreur, ma mère apprend la nouvelle et réveille chez moi toutes mes peurs : « Un aveugle ne guide pas

---

des borgnes… Tu te trompes, c'est ton ego qui te dit de faire le stage quand même, car tu ne supportes pas l'échec… Je suis extrêmement choquée par ta décision, tu vas souffrir, te mettre en difficulté et mettre en difficulté toutes les personnes qui te font confiance… Tu te crois sage, alors que tu es inconscient…. Pourquoi es-tu aussi masochiste ?». Merci pour ce miroir de moi-même et de mes propres peurs que je me crée par ses textos !

Parallèlement, Ryan, mon compagnon, me donne son point de vue et pense qu'il serait plus prudent d'annuler le stage. Néanmoins, comme à son habitude, il respecte ma décision et je sais que je peux compter sur son soutien inconditionnel, même si je me trompe, il ne me juge pas.

Je me paye déjà un beau cadeau de voir quelles sont les personnes sur lesquelles je peux compter ! Valérie, Ryan pour leurs soutiens, et ma mère qui (par inquiétude) me confronte à mes peurs!

Je sais qu'elle a peut-être raison dans ce qu'elle me dit. Mais j'ai senti fortement en moi le message de mon âme d'y aller quand même. Ma décision est prise, je m'aime et je me donne le droit de me tromper. Je suis prêt à ce que la semaine se passe très mal, qu'on vive une catastrophe, mais je suis ok pour me donner l'occasion d'expérimenter mon erreur!

Je retiens 3 leçons de l'expérience du jour :

1-Jamais plus je ne parle d'une situation personnelle sur un réseau social

2- La famille tient plus à ma sécurité qu'à l'évolution de ma conscience et mes expériences.

3- Les observations médicales ne sont pas une science fiable.

Je quitte Lyon le samedi matin et j'arrive en Chartreuse. Dès que les participants arrivent, je leur expose la situation en début de stage :

« J'ai fait toute la semaine des crises de calculs aux reins. Je ne sais pas si je serai dans la capacité de vous donner le stage, mais comme dans ce présent je suis apte à vous parler et à le faire, j'ai décidé de venir quand même, Valérie me remplacera en cas de besoin ».

Je suis surpris par la réaction du groupe, les personnes, aux visages un peu inquiets, semblent être plutôt réjouies de voir que je mets en application ce dont je parle à propos des peurs et des suppositions. Moi qui pensais perdre ma crédibilité, finalement, c'est tout le contraire qui est en train de se passer !

Le week-end se déroule sans embûche, je découvre un groupe merveilleux et exceptionnel, et j'ai le sentiment que Valérie est un peu déçue que je ne sois pas malade, elle qui voudrait avoir l'occasion de se sentir utile et de pouvoir expérimenter le fait de donner un enseignement spirituel. Elle me rassure, me dit qu'elle est contente que

---

j'aille bien mais qu'elle aimerait expérimenter le fait de donner l'enseignement.

Nouvelle leçon : si je fais une demande pour obtenir de l'aide, attention à bien réfléchir, car si mon problème disparaît et que je n'ai finalement plus besoin de la personne, je risque de me créer le problème en moi-même pour satisfaire le contrat initial!

La journée du lundi, une grande marche est prévue avec une cérémonie dans une grotte, de renaissance et de mort à l'ego pour une nouvelle vie. Je propose à Valérie d'accompagner le groupe pour vivre cette expérience, mais comme elle ne connaît pas le chemin, Fred (hébergeur et guide de montagne) va les accompagner aussi.

L'après-midi passe et Fred m'appelle pour me dire qu'ils sont perdus. Ils se sont trompés de chemin. Il est 19 heures et s'ils veulent aller à la grotte, ils vont rentrer très tard. Le groupe est apparemment épuisé et tous me demandent par téléphone que faire. « Pouvons-nous reporter à demain ? ». J'interroge mon âme pour obtenir la réponse. Je m'entends leur répondre « Nous n'y retournerons pas, vous êtes en chemin, si cela doit se faire, c'est aujourd'hui. A vous de décider à l'unanimité votre choix. C'est le bon moment et une excellente mise à l'épreuve pour expérimenter votre volonté et votre libre arbitre ».

Je me réjouis d'apprendre qu'à l'unanimité, bien qu'épuisés, ils souhaitent poursuivre et qu'ils ont parfaitement bien communiqué, prenant en considération le besoin d'un des participants qui souhaite retourner à la voiture, ayant fait de son mieux, l'expérience du jour s'arrêtant là pour lui, il est ok d'attendre le groupe. Le groupe trouve une cohésion merveilleuse. Ils rentreront à plus de minuit ce soir-là, heureux d'avoir fait preuve de tant de courage et d'avoir vécu cette expérience.

Leçon du jour : Tout est parfait !

Les jours se passent à merveille, mais il m'arrive encore d'avoir quelques crises la nuit, que je gère parfaitement bien intérieurement.

Le mercredi soir, une balade en forêt de nuit, sans lampe de poche est prévue. Mais je sens qu'une crise de douleur arrive. Je demande à Valérie de me remplacer, mais elle ne connaît pas la forêt, ni le chemin. Je lui demande de se faire confiance et de s'abandonner à son âme, je lui donne des explications ultra sommaires car j'ai trop mal et je ne peux pas parler.

Le groupe s'en va. Je gère mes douleurs et ma nuit est mouvementée.

Le jeudi matin, je me rends dans le gîte du groupe pour commencer la journée et je sens des tensions bien présentes. La soirée s'est mal passée, ils s'étaient perdus et beaucoup d'entre eux ont paniqué dans l'obscurité et aussi à cause du terrain qui était très boueux et glissant.

Se défaire des autorités extérieures… pour enfin croire en soi !

Valérie a apparemment insisté pour qu'ils gardent les lampes de poche éteintes et qu'ils se fassent confiance dans l'obscurité. Mais la peur augmentait pour certains et l'explosion de colère a eu lieu. Valérie a eu un moment de découragement, la confiance en elle est retombée et une participante a repris les choses en main pendant quelques instants. Ils ont finalement terminé la balade en s'autorisant à allumer leurs lampes de temps à autre pour trouver le chemin.

Une idée me vient. Je sais que leur mental est agité par la colère et que si nous rentrons dans des explications, nous en avons pour deux heures de discussion. Je pense à l'exercice « Le don du pardon » de Miguel Ruiz, retransmis par un ami (Olivier Clerc) dans un livre qu'il a écrit. Il s'agit de se mettre en cercle et, à tour de rôle de se regarder dans les yeux et de se demander pardon. « Comment puis-je demander pardon à l'autre si c'est en réalité lui qui m'a fait du mal ? » s'exclament beaucoup de personnes. Simplement pour reprendre son pouvoir créateur. C'est moi qui ai fermé mon cœur, et c'est moi qui justifie ma souffrance émotionnelle en rendant l'autre responsable. Le fait d'inverser les rôles permet la reprise de pouvoir.

Je propose l'exercice, et certains se montrent réticents. Une participante me dit « moi je n'ai aucun problème avec personne, donc je n'ai pas de raison de le faire ». Je lui réponds : « Parfait ! Du coup ça ne devrait pas te poser de problème pour le faire quand même dans ce cas »! Nous effectuons l'exercice, et au bout de quelques minutes, les plus réticents s'effondrent en larmes. Les tensions du groupe se règlent, dans l'amour et la compassion, sans être passé par des explications. Tout le monde va beaucoup mieux et se sent prêt à pouvoir échanger sans chercher à accuser ou à se défendre.

Nous établissons un cœur à cœur (rituel matinal, où chacun exprime ses peurs et sentiments) et il apparaît que les tensions sont nées car le groupe n'a pas su, pendant la période de stress, rester dans le consensus unanime sur la décision à prendre collectivement, avec un respect de chacun. D'après le groupe, Valérie se serait imposée. Elle reconnaît qu'elle s'est sentie investi d'une mission qu'elle devait mener à bout et diriger le groupe sur l'objectif de l'exercice, apprendre à se faire confiance même dans le noir. Je lui fais remarquer qu'elle est restée centrée sur la mission, le résultat et non sur le processus, c'est-à-dire la vigilance sur ce qui se passait avec le groupe dans l'instant présent. Valérie se sent très abattue, sa confiance en elle est mise à rude épreuve, ainsi que la confiance du groupe mais chacun réalise qu'il a existé un manque de communication pendant cette expérience et que chacun a sa part de responsabilité.

De mon côté, je me sens coupable. Mon ego me dit que les deux fois où je n'étais pas avec le groupe, les choses se sont mal passées.

Je me ressaisis et je fais remarquer que tout est parfait. Sans mes calculs, je n'aurais pas appelé Valérie, elle n'aurait pas pu expérimenter ses erreurs, ils n'auraient pas pu expérimenter leur volonté d'aller jusqu'au bout le lundi soir dans la grotte, ils n’auraient pas pu expérimenter la perte de contrôle et leur manque de communication, une fois perdus la nuit dans la forêt. Valérie n’aurait pas non plus expérimenté la posture d’enseignante et pu faire l’expérience qu’il est plus important d’être connecté à ce que vivent les participants sur le moment plutôt que l’objectif final.

Je réalise que si j’avais été avec eux, les choses se seraient bien passées et du coup, ils n’auraient pas eu l’occasion de faire un travail sur les peurs, la communication et la volonté. Nous tombons d’accord et nous observons que tout est parfait. Tout le monde se sent réjoui, la communication et l’écoute sont rétablies.

Merci Valérie, merci au groupe, merci à mes calculs !

c) **L'ego et les relations, un triangle dramatique**

Éric Berne, médecin psychiatre américain, créa dans les années 1950 à 1970 « L'Analyse Transactionnelle » (aussi appelée AT), une théorie de la personnalité et de la communication.

L'analyse transactionnelle a pour but de permettre une prise de conscience, ainsi qu'une meilleure compréhension de « ce qui se joue ici et maintenant » dans les relations entre deux personnes et dans les groupes. Sa théorie propose des grilles de lecture pour la compréhension des problèmes relationnels, ainsi que des techniques pour résoudre ces problèmes.

Elle schématise des parties de la personnalité appelés : des « états du Moi » (Parent, Adulte, Enfant) et étudie les échanges relationnels, appelés « transactions ».

Les « états du Moi » sont représentés ainsi :

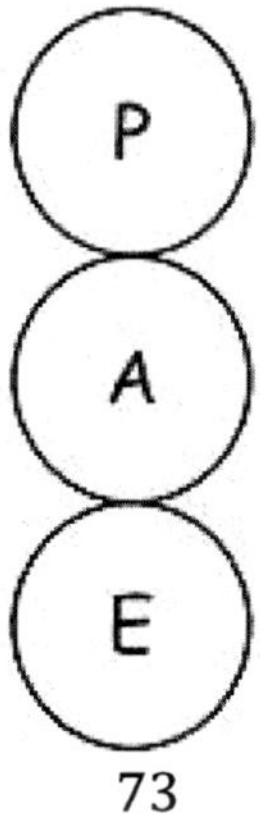

Ce sont les parties de la personnalité qui se sont développées au cours de mon existence.

Le **P** comme **« Parent »** est cette partie de moi-même veillant au bon fonctionnement des règles. Dans la communication, j'utilise souvent des expressions comme « Il faut » ; « Je dois ».

Le **A** comme **« Adulte »** est cette partie de moi qui est la plus consciente et qui réfléchit, analyse, questionne. Elle décrit les faits présents et agit en fonction du contexte. Elle est souvent liée à la capacité : « Je peux » ou non.

Le **E** comme **« Enfant »** est cette partie de moi qui ressent. Elle est liée au corps émotionnel. Cette partie est liée aux désirs et aux émotions. J'utiliserai souvent des termes comme « J'ai envie » lorsque cette partie de moi s'exprime.

Je peux penser, ressentir et porter des jugements de valeur à partir de n'importe lequel des états du Moi.

- **Le Parent** : dans cet état-là, je pense, agis, parle, sens et réagis exactement comme le faisait l'un de mes parents ou une figure d'autorité quand j'étais petit. Quand je suis dans le Parent, je porte souvent des jugements de valeur ou j'ai un comportement nourricier.

  J'enregistre dans l'état du Moi Parent tout ce que j'apprends des figures d'autorité, tout au long de ma vie : l'essentiel s'enregistre « avant six ans » comme l'écrit Fitzhugh Dodson, mais bien d'autres ajouts peuvent intervenir avec puissance.

Il existe quatre subdivisions du Parent :

- *le Parent Normatif* : Il donne notamment les lois et les normes dans la justesse.

- *le Parent Persécuteur* : Il donne notamment les lois et les normes de manière autoritaire et exagérée.

- *le Parent Nourricier* : Il soutient, encourage et aide efficacement.

- *le Parent Sauveteur* : Il se veut aidant, mais il est vécu souvent comme étouffant et risque d'entretenir une relation de dépendance.

- **L'Adulte** : C'est l'état du moi dans lequel j'examine objectivement mon environnement, en calcule les possibilités et probabilités sur la base de l'expérience passée. S'il n'est pas sous la gouvernance de l'âme et en harmonie avec les autres parties, il peut agir trop froidement.

- **L'Enfant** : « Tout être humain porte en lui un petit garçon ou une petite fille qui pense, agit, parle, s'émeut et réagit exactement de la même façon que lorsqu'il était un enfant. ». Selon Berne, « L'élément déterminant, ici, est l'âge qui peut être situé n'importe quand entre les âges de deux et cinq ans. ».

Se défaire des autorités extérieures… pour enfin croire en soi !

Il existe deux subdivisions de l'enfant :

- *l'Enfant Libre* : Il est créatif, indépendant et spontané.

- *l'Enfant Adapté* : Il s'agit d'une manière d'être face à un cadre donné (au lieu de créer son propre cadre comme l'Enfant Libre) auquel la personne se soumet ou contre lequel elle se défend. Il y a donc une subdivision de l'Enfant Adapté :

- Adapté Soumis : Il suit les règles et les normes en ce qu'elles permettent de vivre en société, ce qui est positif lorsque les autres parties de moi-même sont en accord avec ces règles et qu'un choix est fait consciemment. Il devient égotique si je me soumets à une autorité qui m'est imposée sans l'accord préalable de mon adulte et mon parent intérieur. Dans ce cas-là, l'enfant soumis se transforme en « victime ».
- Adapté Rebelle : Il s'oppose aux lois et aux normes lorsqu'elles lui paraissent injustes. C'est également positif, car il peut refuser la décision d'une autorité qui n'est pas la sienne. L'Enfant Rebelle devient négatif et sous la gouvernance de l'ego lorsqu'il se rebelle en voulant changer les autres. Il devient alors « victime ». L'Enfant Rebelle Persécuteur est en opposition constante avec les règles qu'on lui impose. Il recherche des signes de reconnaissance grâce au conflit.

Les états du moi

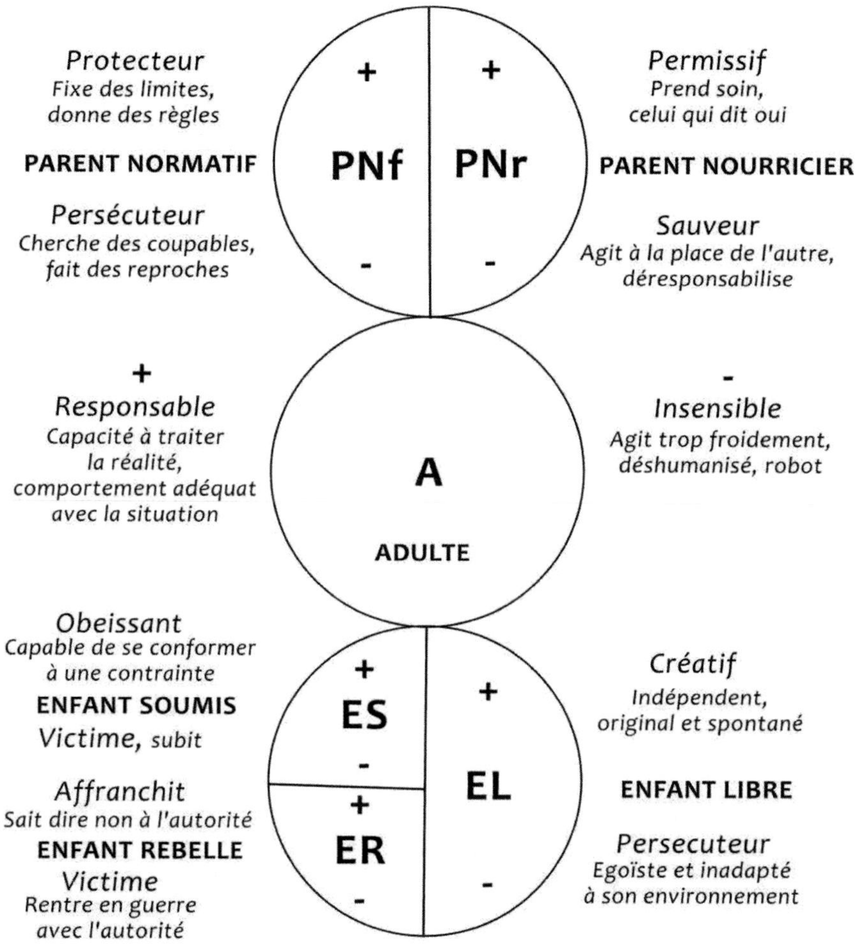

Se défaire des autorités extérieures… pour enfin croire en soi !

Dans mon processus évolutif, mon ego a développé dans cette vie, en fonction de mon histoire, un état du Moi que j'utilise beaucoup plus souvent dans mes mécanismes de défense et de survie.

Le point commun qu'entretiennent ces états du Moi entre eux est le besoin de **reconnaissance**. Car c'est par mes échanges dans mes relations que je me sens exister.

Si j'ai trop développé mon **Parent**, mon ego est **Persécuteur** si j'aime la structure et les règles.

Je risque aussi d'être **Sauveteur** si j'ai eu l'habitude de m'occuper des autres et d'obtenir ma reconnaissance de cette manière.

Si j'ai trop développé mon **Enfant**, mon ego prend la position de la **Victime** qui trouve de la reconnaissance en se plaignant de ses problèmes. Je peux aussi être **Persécuteur** si j'ai pour habitude de me rebeller constamment contre l'autorité.

Il est intéressant d'observer que ces personnalités égotiques se trouvent hors de la conscience de l'état du Moi « Adulte ».

Stephen Karpman, élève d'Eric Berne, créa en 1968 le Triangle dramatique, dit aussi Triangle de Karpman, une figure d'analyse transactionnelle proposée qui met en évidence un scénario relationnel typique entre Victime, Persécuteur et Sauveur (ces rôles étant symboliques, une même personne peut changer de rôle).

On peut retrouver les rôles avec ce schéma :

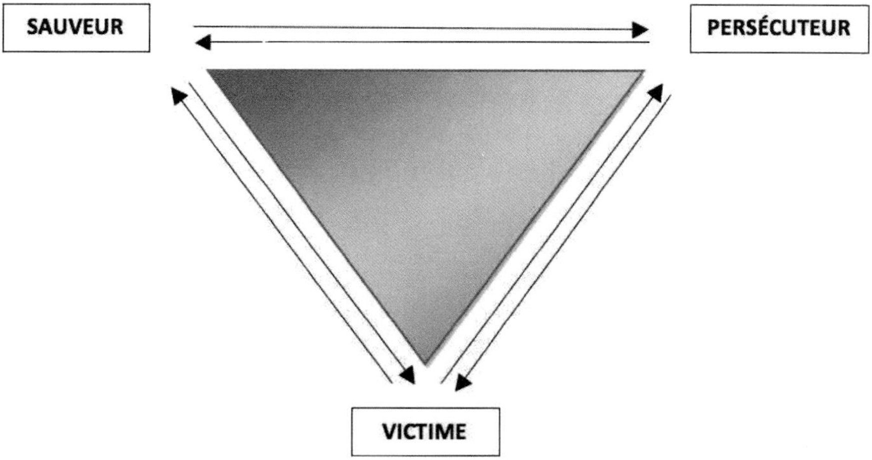

Comme son nom l'indique, il s'agit d'un drame que je vis continuellement dans mes relations parce que mon ego de survie s'identifie à l'un de ces personnages.

Mes relations sont désastreuses et je vis l'enfer sur terre. Éric Berne appelle cela **« les jeux psychologiques »**.

En effet, c'est **un jeu** inconscient dans lequel je rentre.

Voici quelques exemples d'avantages pour mon ego :

- Je joue pour confirmer ma vision du monde, mes schémas et mes croyances. Même si c'est douloureux, cela rassure mon ego qui déteste l'inconnu et ce qui n'est pas prévu.
- Le jeu me permet d'éviter d'être authentique et de dire la vérité. Plutôt que de reconnaître ouvertement mon besoin de reconnaissance, je porte ces masques pour le satisfaire par la manipulation, l'affection et la reconnaissance

des autres et aussi parce que j'ai honte et que je n'assume pas mon besoin. J'évite ainsi l'intimité et je reste sur mon territoire, je ne montre pas ma vulnérabilité.

- Même si le jeu se termine toujours mal, cela me permet d'obtenir de la reconnaissance quand même. Je préfère être détesté plutôt qu'ignoré, je me sens plus vivant, car je capte l'attention et l'énergie des autres autour de moi.

Pour sortir de ce drame et me reconnecter à mon âme, je peux :

1- prendre conscience de ma porte d'entrée dans l'enfer sur terre. Ai-je tendance à être Victime, Persécuteur ou Sauveur ?

2- Me rappeler qui je suis vraiment, la vibration originelle et me reconnaître moi-même au lieu d'aller chercher cela à l'extérieur de moi !

Comment se passe un jeu psychologique ?

Pour analyser le déroulement d'un jeu, Éric Berne à créé la formule « J » qui se lit comme une équation mathématique :

Appât + Point faible = Réponses -> Coup de Théâtre -> Moment de confusion -> Bénéfice Négatif.

- L'appât :

L'appât est ce qui lance le jeu. C'est l'hameçon lancé par le joueur n°1 pour que le jeu démarre.

Par exemple, le jeu peut être lancé par une Victime qui se plaint de sa situation avec son conjoint (Persécuteur).

+

- Le point faible :

Le point faible est le besoin du deuxième joueur. Si c'est un Sauveur qui écoute l'histoire, il se fera prendre au piège. Le besoin est souvent non-dit (reconnaissance) et insatisfait. Quand le Sauveur entend la Victime raconter ces déboires, il a très envie d'intervenir.

=

- Les réponses :

Pendant un certain temps, les joueurs communiquent normalement, la Victime se plaint et le Sauveur tente de l'aider et de

---

l'écouter. Cela peut durer quelques temps avant de passer à l'étape suivante.

->

- Le coup de théâtre :

D'un coup, alors que tout se passait bien dans le jeu, l'un des partenaires change de rôle et d'attitude. Il devient agressif ou plaintif. Le coup semble imprévu et c'est à partir du coup de théâtre que l'on sait que l'on est rentré dans un jeu.

Exemple : le Sauveur réprimande le conjoint de la Victime en l'accusant de la rendre malheureuse et en lui demandant de faire des efforts. Mais la Victime se met à changer de position et à défendre son conjoint. Dans le coup de théâtre, les positions changent. Le Sauveur devient la Victime de la Victime (ou Persécuteur pour le conjoint). La Victime initiale est devenue Persécuteur de son Sauveur initial et Sauveur de son Persécuteur qui est devenu une Victime aussi ! C'est très tordu !

->

- Le moment de confusion

Après le coup de théâtre, le joueur est frappé de stupeur, il ne s'attendait pas à ça. Même si le jeu donne une sensation de déjà-vu (les jeux sont répétitifs dans la vie de la personne), il est sincèrement surpris par la situation.

->

- Le bénéfice négatif

Les pensées et les croyances des joueurs sont confortées dans le drame. Le corps émotionnel est touché et personne ne se sent compris.

Les jeux peuvent se passer à différents degrés :

1er niveau : les joueurs jouent ensemble et bien que la situation soit conflictuelle, elle ne va pas beaucoup plus loin et les partenaires finissent soit par passer l'éponge, soit par ne plus se parler.

2ème niveau : dans ce cas, les joueurs, cherchant à avoir raison, mêlent d'autres personnes et leurs entourages dans le conflit. Chacun prend part et donne son avis et le conflit monte d'un cran.

3ème niveau : le conflit ne se résout pas et les autorités pénales ou judiciaires interviennent. La victime porte plainte, appelle un avocat (un nouveau Sauveur) et c'est

---

un juge, une autorité extérieure qui tranche pour punir le coupable.

4ème niveau : le jeu se termine avec une mort physique. La victime n'ayant pas trouvé justice par les autorités décide d'assassiner son persécuteur ou de se donner la mort.

Comment éviter de jouer ?

Je dois prendre conscience du jeu et de ma porte d'entrée dans l'enfer sur terre. Cela demande une observation de moi-même, de mes pensées, de mes émotions et de mes comportements.

Sauveur :

Si mon ego a tendance à l'être, je me pose les 4 questions suivantes avant d'agir :

- **Est-ce que je réponds à une demande faite clairement ?**

Il est évident que mon ego Sauveur veut faire les choses à la place de l'autre, l'aider et obtenir une forme de reconnaissance cachée. Le jeu de la Victime est souvent de se plaindre de sa situation et, une fois l'aide obtenue, de se transformer en Persécuteur, « Je ne t'avais rien demandé », et, moi Sauveur : en Victime. Pour éviter cela, je responsabilise la personne Adulte en face de moi qui a la capacité de me faire une demande claire si elle a besoin d'un de mes services.

- **Ai-je la compétence d'aider cette personne ?**

L'ego Sauveur se croit capable de faire mieux que les autres alors qu'il n'a pas les bons outils ou les bonnes connaissances pour intervenir. Si je n'ai pas la compétence, que je propose mon aide et que je me trompe, la victime me reprochera mes erreurs et je me sentirai coupable.

- **Est-ce que je fais 50% du travail ? Est-ce que la personne fait sa part ?**

C'est manquer d'amour profond envers l'autre que de vouloir l'assister complètement sans considérer sa propre capacité à s'en sortir. La Victime qui se plaint et me fait des demandes de l'aider sans participer restera une victime à la sortie, que je l'aide ou non.

- **Ai-je envie de faire ce que l'on me demande ?**

Si j'agis sans amour et par la contrainte, je crée dans ma relation un endettement et la personne devient redevable, à l'aune du sacrifice que je fais pour elle. C'est moi qui peux me transformer en

---

Persécuteur en lui imposant plus tard de me renvoyer la balle. Si la personne refuse, je me retrouve dans la position de la Victime et mon corps émotionnel ressent de l'injustice.

Persécuteur

Si mon ego a tendance à l'être, il est bon de réfléchir avant de parler et de me poser ces trois questions :

- **Suis-je agressif lorsque je m'exprime ?**

Je surveille mon parent normatif et ressens ma tendance à faire des reproches, infantiliser l'autre, lui émettre des jugements. Je fais un stop radical et j'apprends à exercer une communication avec des questions plus ouvertes qui invitent mon partenaire au partage et au raisonnement.

- **Quel est mon but en disant cela ?**

Plutôt que de bloquer sur une série de détails et de comportements pour faire changer l'autre, je prends un temps de recul pour observer quel est mon besoin dans cette situation. Cela me permet de faire une demande claire plutôt qu'une série de remontrances sur ce qui ne va pas.

- **Vais-je atteindre mon but en m'exprimant de cette façon ?**

Je prends conscience de ma voix, de ma posture, des mimiques de mon visage. Je réalise que l'autre m'observe et m'écoute et qu'il sera plus sensible à la forme qu'au message de fond. Dès lors que j'attrape mon ego de survie par la queue, je change de direction et j'adopte le langage bienveillant de l'âme qui connaît douceur et sagesse illimitée.

Victime

Si mon ego a tendance à l'être, je me pose les 3 questions suivantes :

- **Est-ce que ma demande est claire ?**

Il est évident que si je passe mon temps à me plaindre sans me responsabiliser et connaître mes besoins, je ne peux qu'être déçu.

- **En quoi suis-je responsable de ce qui m'arrive ?**

Je peux me lamenter ou tirer des apprentissages et expériences dans chaque situation. Je n'oublie pas que

---

tout est un cadeau me permettant de prendre conscience de qui je suis vraiment.

➢ A qui ou à quoi est-ce que je donne mon pouvoir, suis-je constructif ?

Suis-je orienté dans la plainte ou à la recherche de la solution ? Est-ce que je ne trouve pas un certain confort dans l'échec (compassion de l'autre à mon égard, avancer en territoire connu). Suis-je dans une réelle volonté de vouloir changer ma situation ?

Exercice:

- J'observe mon état du Moi prédominant. Lorsque je communique, quelle partie de moi résonne et s'exprime le plus souvent. Le Parent, l'Adulte ou l'Enfant ?

- Je viens de vivre un conflit, quel scénario s'est déroulé ? Quel a été mon appât ? Le Sauveur, le Persécuteur ou la Victime ?

- Je réfléchis à la manière dont j'aurais pu me comporter à la place ? Je prends la décision d'agir autrement la prochaine fois et me remercie pour cette belle expérience d'apprentissage.

Synthèse:

- Je possède 3 états du Moi : Le Parent, l'Adulte et l'Enfant
- Le Parent veille aux respects des règles et à la sécurité, l'Adulte questionne, analyse et agit, l'Enfant ressent.
- C'est le déséquilibre de l'une de mes parties qui est un réflexe égotique de survie.
- Tout drame se résume à une pièce de théâtre comprenant trois personnages : une Victime, un Sauveur, un Persécuteur.
- Mon ego a développé une porte d'accès par l'identification à l'un de ces personnages.
- Les jeux psychologiques sont répétitifs dans ma vie. Ils me permettent d'éviter l'authenticité, la responsabilité et de vampiriser de l'énergie autour de moi-même, si elle est générée par un conflit.
- La partie Adulte est celle qui me permet de me recentrer et de sortir de mon ego de survie. Je peux changer ma communication et parler à l'Adulte de mon interlocuteur en cas de conflit.
- Je fais STOP aux reproches (Adulte Persécuteur ou Enfant Rebelle) et justifications (Enfant Soumis, Victime) et reviens à une communication aux

---

questions ouvertes qui privilégie l'accueil et la recherche coopérative de solutions.

d) L'ego et la religion

Le but de la vibration originelle est de venir s'incarner sur terre afin de manifester sa perfection dans la matière.

Tout au long de l'évolution, cette vibration s'est manifestée sous l'état vibratoire le plus lourd, celui de la roche, avec une fortification du corps physique. Puis les vibrations se sont accélérées et le règne végétal a fait son apparition. Les échanges d'énergie entre cellules ont eu lieu, ainsi que la peur de l'autre : « Va-t-il me voler mon énergie ou m'en donner » ? Le corps émotionnel s'est renforcé encore plus fortement avec le règne animal qui vint ensuite.

Les animaux ont un corps mental aussi mais moins développé que chez l'être humain. Ils n'en ont pas besoin et sont directement connectés à **une âme collective**. C'est celle-ci qui leur donne l'impulsion instinctive. Par exemple, les oiseaux migrateurs n'ont pas besoin de réfléchir ou de se mettre d'accord entre eux, leurs âmes leur demandent de traverser l'océan et ils obéissent.

Le règne animal, bien qu'empreint lui aussi de peur et de survie, connaît une connexion beaucoup plus grande avec l'âme, car le mental ne vient pas interférer dans le processus naturel évolutif.

Que s'est-il passé pour moi, être humain ?

Se défaire des autorités extérieures… pour enfin croire en soi !

Après avoir expérimenté les différents règnes, la vibration originelle décida qu'il était temps de créer une âme individuelle pour faire l'expérience d'elle-même de manière individualisée. C'est-à-dire que les individus n'étaient plus branchés à une âme collective qui gérait leur espèce, mais à leur propre autorité se trouvant dans chaque personne.

Le corps mental se développa de manière plus approfondie, ce qui me donna comme avantage **un accès à la conscience** pour mieux comprendre le processus évolutif dans lequel je me trouve encore aujourd'hui et **le libre arbitre**, la possibilité de faire un choix et de prendre une décision.

Or le fait d'être débranché de l'âme collective pour me brancher à ma propre âme me perturba intensément. Moi qui avait l'habitude d'être dirigé par le troupeau, je me sentis perdu, car, n'étant pas encore complètement branché à mon âme individuelle, je vivais difficilement cette période de transition.

Comme nous l'avons vu précédemment, je porte en moi la vibration créatrice. Je peux donc être un créateur conscient de ma création, mais je peux aussi être un créateur inconscient.

L'ego humain apparut à ce stade de mon évolution. L'ego est cette fausse âme qui me gère afin de me permettre de survivre dans un monde sans repère.

Portant également la mémoire de l'âme collective, je me suis créé une fausse âme collective, un **ego collectif**. Son but étant de gérer la survie de l'espèce humaine.

Je me mis donc à créer la religion. Elle me fut fortement utile. Imaginons un singe dans un magasin de porcelaine. J'étais maladroit, peu évolué et les règles de ne pas voler ou ne pas tuer m'aidèrent à vivre dans une société un peu moins primaire.

Comme je n'ai pas conscience de qui je suis, je me suis créé de faux Dieux extérieurs à moi-même, à mon image et ma ressemblance. Des Dieux qui me récompensent par le paradis si je me comporte bien, mais qui peuvent aussi m'envoyer en enfer pour l'éternité si je les mets en colère. Je me crée des Dieux jaloux à qui je dois vouer une obéissance aveugle.

Je remets mon pouvoir aux autorités extérieures, les religions qui règnent sur ma vie.

Dès lors que je suis un créateur inconscient de mon identité véritable, je vis dans la séparation et la dualité. Je pense que le créateur est en dehors de moi-même. Il se crée donc une division entre moi « matière créée» et moi « esprit créateur ». Cette division peut être représentée par cet espace et ce symbole que nous retrouvons sur le dollar américain :

Se défaire des autorités extérieures... pour enfin croire en soi !

Comme je peux le constater, cette pyramide est tronquée. Il existe une séparation entre la base et le sommet. Le sommet porte le symbole de l'œil (Horus, le Dieu qui voit tout, la connaissance, le pouvoir et l'autorité) séparé de la base (moi être humain).

Si j'ai conscience que je suis le créateur, je fais **un avec moi-même** et ne vis pas dans la peur. Je crée et mes créations sont sous MON autorité. Or, si je n'ai pas conscience que je suis le créateur, mes créations viennent se loger dans ce vide. Ce sont donc mes créations qui ont autorité sur moi.

C'est ainsi que moi, être humain, je me mis à créer des Dieux et des religions pour lesquels je vouais toute mon admiration et ma soumission. Les Dieux et les religions saisirent mon pouvoir et dirigèrent ma vie en bon Sauveur !

Ghislaine St Pierre Lanctôt reprit le schéma du triangle dramatique et illustra les personnages de Sauveur, Bourreau et Victime par un mouton, un loup et un berger.

Étant inconscient de qui je suis vraiment, je vis sous la gouvernance de mon ego, car j'ai peur d'ennemis extérieurs à moi-même (le loup/Persécuteur) et je vais donc chercher protection auprès d'un sauveur (le berger/Sauveur). En échange de ma laine, il m'assure ma protection (mouton/Victime).

Or, *« la fonction du bon Pasteur est de tondre les moutons, jusqu'à ce qu'ils n'aient plus de laine et les conduire à l'abattoir, en leur faisant croire que c'est pour leur bien ! » (Ghislaine St Pierre Lanctôt, « Que diable suis-je venue faire sur cette terre ? M'accomplir »)*

Dans le monde d'illusion que je me suis créé, j'ai donné naissance à des Dieux vivants et des religions.

Comment ais je pu donner naissance à des Dieux ? En créant des égrégores très puissant.

Qu'est-ce qu'un égrégore ? Il s'agit d'un réservoir vivant, par l'investissement énergétique des corps mental, émotionnel et physique.

Imaginons que je crée, avec 4 amis complices, une religion appelée «Jésus » et chacun d'entre nous possède un potentiel énergétique symbolisé ici par un verre rempli d'eau. Chacun va mettre dans un grand vase la moitié de son verre d'eau. La vase est l'égrégore de ce qui est appelé « Jésus», il est une entité vivante, composé de l'ensemble de nos énergies, et à lui seul, il en a plus que chacun de nous.

Si l'une des personnes de notre groupe perd un peu d'eau par inadvertance, elle peut se servir dans le vase commun « Jésus » pour se recharger. Cela fonctionne très bien. « Jésus » est une forme de placement qui fonctionne à merveille.

Si quelqu'un veut toucher à « Jésus » (en le critiquant par exemple), je peux me mettre en colère car j'y ai investi beaucoup d'énergie. « Touch'pas à mon idole ! ».

Par analogie, il est intéressant de constater que nous vivons dans de multitudes d'égrégores « équipes de foot, pays, ville, clan, musiques, etc… ».

Imaginons par exemple que j'appartienne à l'égrégore « Français » et que j'apprenne aux nouvelles qu'en « Autriche » il y a eu un terrible accident de la route causant de nombreuses victimes. Je vais être un peu sensible car je suis « Français », mais j'appartiens aussi de manière plus vaste à l'égrégore « Etre humain » et je suis touché par ce qui est arrivé à mes semblables.

Si le même accident se passe en « France », l'impact de la nouvelle sera plus grand car c'est mon égrégore qui est en danger et qui connait une perte face au même accident.

L'impact émotionnel est proportionnel à mon identification.

Si l'accident se passe dans ma ville, je suis encore plus touché, ou si des amis ou de la famille à moi sont concernés, le drame monte crescendo.

Revenons à l'exemple de l'égrégore « Jésus », il se pose un jour, pour les créateurs initiaux, un sérieux problème. Il faut remplir le vase d'eau, car celui-ci s'appauvrit. Il faut donc trouver des fidèles, et des adeptes, qui apporteront à « Jésus » leurs contributions.

Comme je suis avec ce groupe d'amis le créateur initial, j'invente certains rites, qui permettent de remplir le vase principal par l'énergie des fidèles. J'écris un livre et un mode d'emploi exotériques aux fidèles (la bible), tout en prenant soin de cacher ou de limiter la connaissance pour se servir de l'eau du vase. Ces connaissances là (ésotériques), sont réservées à l'élite, ainsi, je garde un contrôle absolu sur mon placement.

Mes quatre amis et moi satisfaisons notre besoin de sécurité par la ponction exercée sur les fidèles. Notre besoin prioritaire est le contrôle des adeptes. Plus ceux-ci restent inconscients, plus ils continuent à contribuer au vase en donnant une partie de leurs énergies. J'ai tellement peur de manquer ! Ma plus grande peur est que les adeptes arrêtent de collaborer. J'ai conscience que le pouvoir que je possède est un faux pouvoir, qui a pour seul base le consentement des fidèles.

L'égrégore « Jésus » est vivant lui aussi et étant une fausse âme (une création), porte en lui aussi la peur de mourir. Sur le plan spirituel, cet égrégore rentre en concurrence direct avec d'autres égrégores créés. D'où la guerre de religion, l'inquisition et la quête de nouveaux adeptes. C'est la guerre des Dieux.

Les Dieux vivent d'énergie mentale (mes croyances) et vitale (émotionnelle). Ils exigent des sacrifices (plantes, animaux, êtres humains) pour m'apporter leurs bienveillance et protection. Lorsque je fais une prière, je me soumets à une autorité plus grande que moi. L'autel du prêtre est une table de sacrifice. Il mange le corps du Christ et boit son sang. Lorsque je fais brûler de l'encens ou des bougies, je fais des offrandes. Il existe encore aujourd'hui, comme de tout temps, de nombreuses sociétés secrètes pratiquant des sacrifices humains sur de jeunes vierges, des hommes, des femmes et des bébés.

Les entités du monde subtil (le monde qui ne se voit pas avec le corps concret, physique) se nourrissent de mon énergie, au même titre que je me nourris de l'énergie des autres lors de mes jeux psychologiques, de celle des animaux qui meurent assassinés dans les abattoirs ou du monde végétal si je décide d'être végétarien.

Il n’y a ni bien ni mal à cela, je crée simplement ces aberrations à l'image et à la ressemblance de mon état de conscience actuel, car j’ai oublié qui je suis vraiment et passe mon temps à me nourrir d’énergie extérieure. La vérité est que je n’ai pas besoin de me nourrir de l’extérieur puisque JE SUIS l’énergie créatrice immortelle !

Il existe une très grande différence entre la spiritualité et la religion. Depuis des millénaires, les religions ont formaté la spiritualité à travers de nombreux dogmes et ont fait des paroles de sagesse de véritables codes moraux.

Ainsi, les peuples assujettis à de multiples commandements n'ont pour la plupart pas eu la chance d'avoir un rapport, avec le divin, étroit et personnel. Les religions ont souvent instauré une image de Dieu correspondant à leurs propres croyances et conditionnement.

Ainsi, je retrouve souvent sous le terme de "Dieu" une notion de jugement et de culpabilité. J’ai appris que Dieu est un Dieu jaloux et qu'il ne nous sauvera de l'enfer que si nous ne pêchons pas. S'ensuit le jugement et la culpabilité et c'est alors la peur qui domine la relation spirituelle avec ce concept du divin.

A travers les religions, l'homme ne parvient plus à être libre de réfléchir par lui-même, il est l'esclave d'un système de lois et de croyances. Il croit simplement des écrits d'autres hommes qui étaient là bien avant lui, et cela se propage de génération en génération.

Se défaire des autorités extérieures… pour enfin croire en soi !

Dans la plupart du temps, Dieu est masculin ainsi que tous les concepts machistes tournant autour de ce concept.

Or, la spiritualité est bien différente.

La spiritualité permet de connecter avec le divin et d'entretenir une relation personnelle avec la vibration originelle. La foi est basée sur l'expérience, et la spiritualité invite à ressentir, à écouter, à être réceptif à cette force créatrice.

La spiritualité ne rejette pas pour autant les paroles de sagesse qui ont alimenté les religions. Elle invite à réfléchir par soi-même à ces paraboles et à trouver son propre chemin, dans sa propre liberté.

Un temps viendra où la dualité manichéenne sera révolue.

Voir l'univers sous des notions de bien ou de mal ne serait pas un des concepts les plus limités de la puissance de "Dieu" ?
La vibration créatrice est bien au-delà de tout ce que nous pouvons imaginer, mais je crois qu'elle est surtout amour.

Imaginons une énergie qui est tout ce qui est, et tout ce qui sera. Il n'y a que cette énergie et il n'existe rien d'autre. Alors cette énergie s'ennuie. Elle a besoin de faire l'expérience de sa splendeur. Alors elle se divise en des milliards de petites lumières. Elle crée l'obscurité, car elle sait qu'à travers cette obscurité, elle pourra faire l'expérience d'elle-même.

Alors moi, vous et chaque chose qui nous entoure, sommes la vibration créatrice. Nous faisons tous partis de ce grand tout. En réalité il n'y a rien d'autre. **Nous avons tous choisi l'amnésie afin de nous rappeler qui nous sommes vraiment.**

Et ce chemin est magnifique. Dans la bible il est écrit que Dieu à fait l'homme à son image. Symboliquement, ce verset parlerait de notre pouvoir de création ? Je suis l'unique créateur de ma vie, je suis un artiste.

Voilà pourquoi il est si important de vivre avec conscience.

La plupart des gens subissent la vie comme si tout dépendait du plus grand des hasards. Il y a ceux qui se plaignent de leurs échecs, et d'autres à qui tout semble réussir. Alors quel Dieu d'amour laisserait faire pareille injustice?

Le pouvoir de création de l'individu est bien plus illimité que ce que nous pouvons imaginer. Il est très fréquent que les échecs soient les plus beaux reflets des intentions et comportements mal alignés avec l'âme et la vibration créatrice.

Un intégriste religieux passerait sa vie entière à méditer dans un monastère, pensant qu'il a évolué, et voilà qu'à peine ressorti, il se met à ressentir encore la colère, la tristesse, car confronté au monde, il se rend compte qu'il n'a pas bougé d'un millimètre!

La vie, mes épreuves, mes succès, mes expériences comptent, j'évolue et chaque jour mes opinions changent. Je fais en réalité connaissance avec moi-même et pour finir, je me rends compte que je ne me connais pas vraiment. Je suis surpris de mal connaître mon entourage alors qu'il en est de même pour mes propres réactions.

Je me donne des challenges, des objectifs à atteindre, je parcours cette vie comme une grande aventure. Je suis l'explorateur divin. Je suis la vibration créatrice originelle qui s'expérimente elle-même.

L'inconscience de qui je suis vraiment me fait croire à l'injustice.

"Mais… et ceux qui meurent de faim? Et tous ces pays pauvres? » !

Je me permets de juger ce que je ne connais pas. Bien souvent, je constate que le lien humain et familial est bien plus soudé dans les pays que j'ose appeler « sous-développés ».

Mon orgueil et mon ego occidental me fait juger qu'à travers mon abondance matérielle je suis plus heureux. Je me crois et je me mets en position supérieure alors qu'en occident, je ne compte plus les problèmes de suicide, les familles ne se parlant plus, la solitude, les problèmes de drogue et d'alcool qui sont le quotidien de notre société.

Et avec tout cela, j'estime que je suis plus heureux que dans ces pays ou que dans la vie de ces personnes. Notre ego est si fort qu'il veut leur imposer notre manière de vivre. Ces pays perdant leur indépendance et tombant sous nos mensonges finissent par être exploités par les pays les plus riches, alors qu'ils se débrouillaient beaucoup mieux auparavant sans eux, sans les OGM, les grandes marques, la modernité et toutes nos folies humaines censées être « le progrès », une norme pour toute l'humanité!

Nous ne sommes pas alignés sur les mêmes réalités. Et tant que nous passerons notre temps à remettre notre destin entre les mains d'une puissance supérieure, à croire que celle-ci nous juge, que nous ne sommes pas parfaits, que nous n'avons pas assez de chance, pas assez d'amour... et bien notre volonté sera faite, sur la terre comme au ciel.

Sachez reconnaître en vous le divin. Sachez rechercher toutes ces choses que vous croyez ne pas avoir, en vous! Elles y sont et y ont toujours été.

Si votre vie est merveilleuse, que tout se passe comme vous l'avez prévu, profitez-en. Voici le temps du répit. Reposez-vous.

Et quand vient l'épreuve, la difficulté, la solitude, la souffrance et le sang, voici venu le temps pour vous d'explorer ce que vous êtes. Explorez encore plus profond.

Se défaire des autorités extérieures... pour enfin croire en soi !

J'ai vécu comme chacun des moments très difficiles dans ma vie, et dans les épreuves, j'ai pu trouver ma propre lumière. J'ai pu rencontrer « Dieu » ou plutôt « me rencontrer » ; cette voix qui me disait qu'elle ne m'avait pas abandonné et que c'était à moi de parcourir mon chemin.

J'ai remis beaucoup de croyances erronées à la poubelle, car c'étaient les croyances liées aux contextes que je vivais qui me faisaient souffrir.

Je ne pense pas en notion de bien ou de mal. Je pense en efficacité. Qu'est ce qui va me servir dans cette situation? Quelle croyance va être plus aidante ? Pendant longtemps je me suis dit que le fait de changer ses croyances sur plus de positif pouvait être dangereux car je risquais d'être comme les autruches et ne plus voir la réalité telle qu'elle était. Là, je me trompais. Je n'avais tout simplement pas conscience que, de toute façon, je ne la voyais pas avec objectivité dans mon présent.

« Ne croyez en rien. Ni en ce que je vous dis, ni en ce qu'on vous dit, ni en ce que vous vous dites vous-même » (Don Miguel Ruiz) !!!

Parce que tout ce que je me dis sera le fruit de mes conceptions, de mes opinions et de mes théories (ou de celles des autres). Si elles me sont utiles, alors je sais les adopter. Pourquoi seraient-elles plus fausses que les autres? De toute façon, tout ce que je me raconte est une histoire. Nous sommes de fantastiques écrivains, des scénaristes chevronnés, et je crois que beaucoup parmi nous adorent les drames !!! Pourquoi ? Car nous avons oublié qu'il ne s'agit là que d'une histoire, et que nous nous sommes attachés à nos concepts religieux ou spirituels.

Je réalise que toutes les religions de tous les temps m'ont toujours trompé, le but étant de me séparer de mon pouvoir créateur pour rester sous le contrôle de maîtres, de prophètes, d'anges et de bons Dieux plus grands que moi. Ainsi, je reste un enfant soumis et docile sur qui on garde un contrôle absolu. Pourtant, on ne peut pas dire que tous les enseignements soient faux. En effet, on n'attrape pas les mouches avec du vinaigre.

Les religions reposent sur des vérités qui provoquent en moi une ouverture profonde de mon cœur et de mon corps émotionnel qui savourent enfin de recevoir la vérité qu'ils ressentaient déjà et qu'ils portaient en eux depuis longtemps. Le problème est que les messages sont pervertis.

Une fois mon corps mental et émotionnel bien ouverts, l'élite dirigeante peut à sa guise infiltrer les messages qui me maintiennent dans la non reconnaissance de mon identité véritable de vibration créatrice originelle de tout l'univers. Je reste ainsi divisé d'avec moi-même tout en pensant que j'évolue en conscience et que je suis sur le bon chemin, alors que je m'enlise de plus en plus profondément. Le tour est joué !

Se défaire des autorités extérieures… pour enfin croire en soi !

Et c'est exactement ce que je peux expérimenter, à travers, également, les pièges présents sur mon chemin:

- *Le Secret et la loi de l'attraction* : Celle-ci m'invite à me servir de mon corps mental en projetant dans l'avenir ce que je veux obtenir (mari, maison, voiture) et en m'ouvrant à la gratitude comme si cela était déjà là. J'apprends donc, plutôt que de m'abandonner à mon âme et à ce qu'elle crée de parfait pour moi pour me permettre d'évoluer en conscience de qui je suis vraiment, à me servir de mon pouvoir créateur au service de mon ego. C'est donc mon corps mental et mon corps émotionnel qui, par la répétition, créent un « schème » (une entité énergétique de ma création) dans mon corps subtil et qui aura autorité sur moi. J'obtiens avec le temps la satisfaction de mes désirs avec des résultats peu fiables car créés à partir de l'ego. Par cette pratique, je me rajoute une couche d'illusion supplémentaire, plutôt que d'accueillir la perfection de ce que mon âme crée par amour pour moi.

- *Le channelling* : Plutôt que d'aller chercher à l'intérieur de moi, dans mon âme, la réponse à mes questions, je me comporte comme un mouton qui a besoin d'être guidé par son berger. J'appelle des « maîtres ascensionnés » qui prennent possession de mon corps physique et me délivrent de beaux messages, me donnant l'illusion d'avancer. Comme ces entités se nourrissent de mon énergie, elles feront toujours en sorte de me séduire par de beaux discours empreints d'amour, d'illusions et de quelques vérités. Je deviens, par ce genre de pratiques, de plus en plus accro à ces entités et je les canalise de plus en plus souvent. Je finis par devenir « possédé » par elles et, en plus d'avoir à démanteler mon propre ego avant d'établir la connexion avec mon âme, je me crée ces obstacles supplémentaires considérables. Car, avant de pouvoir travailler sur moi, je suis possédé par l'ego d'autres entités qui me disent qu'elles veulent mon bien… comme tout berger !

- *La nourriture pranique, le ReiKi :* Pour me nourrir ou me guérir, je canalise la lumière à l'extérieur de moi et la fais descendre dans mon corps. Je gonfle mon ego de survie teinté de spiritualité qui se croit fort en réalisant des exploits dits paranormaux. Or, je fais rentrer dans mon corps par cette belle lumière une énergie luciférienne (ange de lumière), le Dieu du monde de l'illusion, car je n'ai pas conscience, qu'étant la vibration créatrice originelle, un jour viendra dans mon évolution le moment où je n'aurai pas besoin de me nourrir ou de me guérir, car la réalité est que je suis en parfaite santé, tout-puissant et immortel!

- *Les soins chamaniques :* Je ne fais pas confiance en ce que je me crée et je fais la guerre avec ma création en utilisant non plus des outils du monde d'illusion concret et physique (médicaments), mais le monde d'illusion subtil. Je fais la guerre avec ma création par le biais d'entités (animaux totem, anges, guérisseurs philippins, etc…), alors que bien que ma maladie disparaisse miraculeusement dans l'immédiat, la guérison n'est pas permanente et je devrai faire de nouveau appel aux entités du monde subtil envers qui je deviendrai de plus en plus dépendant et possédé jusqu'à me perdre moi-même. Pour avoir accès à ces possessions, je soumets mon corps à des pratiques comme les huttes de sudation, la transse, les chants, la méditation intensive et je déconnecte mon corps mental sans ne plus pouvoir exercer le moindre discernement.

- *Le karma :* Notion illusoire basée sur l'espace et le temps, la cause et l'effet. Je n'ai rien à payer, je n'ai pas à être puni. Je me rappelle que la réalité que je me crée est simplement à l'image et à la ressemblance de mon état de conscience et que seul le présent existe. Je ne suis pas sous la gouvernance d'une loi, mais bien le créateur instantané de ma réalité et de mes expériences.

- *La voyance, les lignes de la main, les tarots :* C'est encore mon ego de survie qui a tellement peur de mourir qu'il veut connaître son avenir. L'avenir n'est pas déterminé, il sera à mon image et à la ressemblance de ce que je me créerai. Par ces pratiques, je ne me fais pas confiance et ne donne pas carte blanche à mon âme, car je cherche à anticiper et à contrôler les événements. Je crois que c'est mon destin qui va mener ma vie. J'ai oublié la réalité que je suis le créateur unique de ma vie. Ce ne sont pas les astres (astrologie) ou les lois de la nature (tellurisme, champs d'énergie) qui me gouvernent ou qui m'influencent.

Se défaire des autorités extérieures… pour enfin croire en soi !

- *L'ego spirituel :* je me compare aux autres, ma voie est la meilleure…, et me voilà en train de me recréer une image de moi-même. Une image à laquelle je m'accroche, et avec laquelle je me juge, et me punis si je ne corresponds plus à cela. Je cherche « l'éveil » comme un nouveau but à atteindre dans ma vie, et je ne suis plus présent à ma vie. De cette image, je passe mon temps à me juger, mais aussi à juger mon entourage, les cultures, les autres théories… Moi qui souhaitais plus de paix et d'amour, je fais encore fausse route !

Je réalise qu'au fil des millénaires, je n'ai pas beaucoup évolué. Mon ego s'est juste raffiné de plus en plus, utilisant le mensonge et la manipulation pour me garder séparé d'avec moi-même le plus longtemps possible.

Exercice

Pour avancer, je peux:

a. Prendre conscience de ma création. La religion et les spiritualités ne sont pas un mal en soi. Elles ont été parfaites dans mon évolution comme outil de survie. Mais je dois aujourd'hui réaliser que je n'en ai plus besoin et qu'il est temps d'observer qu'elles sont toutes sous la gouvernance de l'ego. Cette prise de conscience peut se montrer très difficile au même titre qu'un alcoolique qui dirait qu'il n'a pas de problème avec l'alcool.

b. Prendre conscience de mon attachement. Quand je remarque ma dépendance à la prière ou à toute forme de pratique m'éloignant de moi-même, je prends conscience de ma peur. Qu'ai-je peur de lâcher si j'arrête cela ? Quelles sont les croyances dont mon mental malade est emprisonné? Est-ce que mon corps émotionnel REAGIT à l'idée d'arrêter? Toute réaction de mon corps émotionnel est un signe d'attachement à une croyance pour laquelle je me bats. Si je n'ai pas peur, la vérité EST quoiqu'il advienne. Elle n'a pas besoin que je crois en elle ou non pour exister. Je réalise donc que je dois calmer mon corps émotionnel afin d'expérimenter une réalité différente et faire le point une fois le détachement effectué sur ce que je garde et ce que je ne garde pas. Si je suis dans la vérité, il n'y a donc aucun danger. Je me souviens que je suis amour pur et que je peux expérimenter ce détachement. Je me fais un cadeau.

c. Prendre un objet que je juge comme étant « sacré » et le jeter aux ordures. Observer mes défenses émotionnelles et mes attachements. Demander à une personne non croyante de faire la même chose avec le même symbole, et observer la différence.

d. Faire face à ma peur et revenir à moi. J'appelle mon âme chaque fois que j'en ai besoin. Un jour vient, où je réalise que je n'ai jamais eu besoin de ces outils et que la vérité, l'amour et la paix véritable ont toujours été en moi. Je deviens qui je suis et le contact avec mon âme devient de plus en plus limpide quand je reviens à mon présent, à qui je suis.

Synthèse :

- Je suis en transition entre l'âme collective et l'âme individuelle. Je me suis créé un ego de survie et un ego collectif pendant cette période de transition pour assurer ma survie.

- La religion fait office d'ego collectif. J'ai donné mon pouvoir à mon ego, il dirige ma vie depuis des millénaires.

- Plus la conscience de l'âme s'incarne dans mes cellules, plus l'ego se raffine pour garder le contrôle.

- Je prends conscience de mon esclavage spirituel (dieu extérieur, mouton, berger, loup) et j'apprends à me détacher progressivement de mes chaînes.

- Mes croyances spirituelles sont un des plus gros freins dans mon évolution de conscience. C'est l'attachement de survie le plus tenace. Le corps émotionnel se défend et est prêt à tuer pour obtenir gain de cause.

- La religion et la spiritualité m'ont permis de survivre tant que je n'avais pas conscience de qui j'étais. Je ressens une immense gratitude pour ce cadeau que je me suis fait et je m'en détache pour grandir et

Se défaire des autorités extérieures… pour enfin croire en soi !

----

passer de l'enfant à l'adulte que je suis devenu.

Mon témoignage :

Je nais dans une famille de « Témoins de Jéhovah ». La bible y est interprétée au sens le plus strict du terme, avec des notions de dualité bien/mal très prononcées.

Je passe mon enfance dans cette religion, apprenant la vie du Christ. Je n'aime pas mon corps. Je ne comprends pas pourquoi j'ai un zizi alors que je suis une fille dans ma tête. Je me sens attiré par les autres petits garçons à l'école, j'ai envie de leur faire des câlins beaucoup plus qu'aux filles. Je me sens une fille à laquelle je voudrais qu'un garçon donne la main.

Je ne sais expliquer pourquoi, mais je sais qu'à la maison, papa et maman n'aiment pas les garçons qui aiment les garçons, ils disent que c'est un péché et contre nature.

Je me dis que je dois garder le secret pour ne pas les décevoir et je fais des prières à Jéhovah pour lui demander de me réveiller un matin avec un corps de fille, car je l'aime et je ne veux pas le décevoir, c'est juste qu'il s'est trompé en me faisant petit garçon.

A l'école, on ne comprend pas pourquoi je ne fête pas Noël ou les anniversaires. Je me sens exclu de la classe. On me dit que je suis dans une secte, mais je ne sais pas ce que ce mot veut dire. Je ne crois pas au père Noël et je ne comprends pas pourquoi les parents disent des mensonges sur Noël à leurs enfants. Les autres enfants me rejettent et se moquent de moi parce que j'ai des manières de fille.

Se défaire des autorités extérieures… pour enfin croire en soi !

En primaire, on se moque de moi de plus en plus à cause de ma différence et un garçon me pousse sur les rebords d'une table, où j'y explose mes dents de devant.

Je dis à mes parents que je suis tombé. Je n'ose pas leur dire que c'est à cause de mes manières de fille que je me suis fait pousser, j'ai peur qu'ils se doutent que je sois un garçon qui aime les garçons et de les décevoir.

Je vais à l'hôpital, on m'anesthésie pour m'arracher mes dents trop enfoncées dans les gencives. Heureusement, ce sont des dents de lait, les vraies repousseront tordues et je porterai plus tard un appareil.

Après mon CP, je vais en CE1 et mes parents décident de me changer d'école, car ma mère s'aperçoit que je rentre tous les jours avec des bleus sur les jambes. Je lui explique que je me fais frapper dans la cours de récréation. Je n'ose pas lui dire que c'est parce que les garçons me traitent de fille, car j'ai peur qu'elle comprenne. Je lui dis que je ne sais pas pourquoi.

Dans ma nouvelle école, le problème recommence et je redouble mon CM1, car je suis perturbé d'être encore une fois beaucoup frappé par les élèves de ma nouvelle école. Même les filles s'y mettent. Mes parents essaient d'intervenir, mais ça aggrave encore plus les problèmes, car maintenant les parents se disputent entre eux.

On décide de me changer encore une fois d'école. Je vis deux années de calvaire. Non seulement je n'ai pas d'ami, tout le monde se moque de moi, mais, en plus, je me fais encore frapper dans la cour de récréation. Je rentre avec des bleus, puis plus tard, des entorses. Moi, cela m'arrange d'avoir des plâtres, quand je suis blessé, les élèves me frappent moins, ils se moquent juste de moi. Plus tard, j'apprendrai à me blesser moi-même pour ne plus être frappé en cours de récréation. Mes parents ne comprennent pas pourquoi je suis aussi souvent accidenté. Je n'ose plus leur dire que je me fais battre, car j'ai déjà changé 3 fois d'école et ils vont bien voir que c'est à cause de moi et de mes manières de fille. Je me sens coupable et je sais que je suis dans le péché par rapport à ce que Dieu attend de moi.

Cette fois-ci, j'ai bien compris, Dieu n'aime pas les homosexuels. J'apprends ce que homosexualité veut dire. Heureusement, je ne suis pas un homosexuel, c'est juste que je suis une fille qui aime les garçons, sauf que Dieu s'est trompé et m'a fait le mauvais corps ! La preuve que je ne suis pas homosexuel, j'ai vu à la télévision deux garçons s'embrasser et ça m'a beaucoup choqué, car je n'en avais jamais vu. J'ai trouvé ça dégoûtant ! Heureusement que je suis une fille en réalité, même si j'ai un corps de garçon. Je n'ai rien à voir avec les garçons, donc je ne peux pas être homosexuel !

EN CM2, la maîtresse et la directrice de l'école décident en cours d'année de me mettre discrètement avec les lycéens pour m'exclure des autres enfants, car elles n'arrivent pas à les empêcher de me battre, c'est plus fort qu'eux. Je dois vraiment être une tête à claques. Même la maîtresse se moque de moi parfois. Elles voit bien que je me fais frapper tous les jours et a peur que mes parents se fâchent. Elle me dispute et me dit « Non mais franchement, tu ne peux pas un peu faire un effort et être normal ?? ». Mes parents ne savent pas qu'on m'a mis avec les lycéens et qu'on me fait passer mes feuilles de cours sans que je n'ai de contact avec les autres enfants. Je ne dis rien à mes parents, je me sens bien trop coupable et, finalement, c'est bien mieux d'être tout seul avec tous ces grands, eux ne me frappent pas ! Ça me convient et c'est salutaire pour moi !

Au collège, je deviens insupportable. Dès mon entrée, je deviens le mouton noir de la classe et j'exprime dans mes comportements la révolte contre l'autorité de mes professeurs. Je suis incorrigible et je fais les quatre cents coups pour les humilier. Je suis une teigne et on m'apprécie pour ça ! Avec les autres élèves, ça se passe mieux, je suis dans une section « art plastique » et entre artistes, on se comprend mieux. Je déteste ma vie. Je me hais. Je tombe amoureux d'un garçon plus vieux que moi et qui vit près de chez mes grands-parents. Je deviens ami avec sa bande de copains, puis avec lui, mais je souffre terriblement dans mon silence. J'ai compris que j'étais homosexuel et que je ne suis pas une fille. Je sais que Dieu me déteste. Je sais que je vais finir dans la « géhenne de feu » et que je serai détruit à Armageddon.

Je tire la conclusion que Dieu est injuste et méchant. Je me désintéresse de lui. J'ai le sentiment que Satan est plus sympathique, lui qui fut rejeté par Dieu, tout comme moi.

La religion me désintéresse et je passe à autre chose. Puis, je redouble ma 5e et on me change de collège car on déménage !

Là, ça se passe tout aussi mal qu'en primaire, sauf que les élèves sont encore plus violents. Je me fais fracturer le nez et me revoilà à l'hôpital pour me redresser la cloison nasale. Je continue de me faire battre et injurier à l'école. Cela ne me dérange plus, curieusement je me sens vivant, au moins on s'intéresse à moi... Je fume. Je suis rejeté et la seule personne qui me ressemble est Mylène Farmer dans ses clips, où elle se fait toujours frapper à cause de sa différence. Je m'identifie à elle. Je deviens elle. Mes parents ne l'aiment pas, ils me disent qu'elle est sous l'influence de Satan comme une marionnette, comme elle le met en scène dans son clip « Sans contrefaçon ». Ils craignent son influence négative sur moi, ils ne l'aiment pas et ce sont des disputes incessantes pour me faire arrêter d'écouter ces chansons en boucle. Tant mieux ! Une raison de plus pour placarder ses posters partout dans ma chambre et leur montrer que c'est mon territoire, que je fais ce que je veux et qu'ils n'ont aucune emprise sur moi.

J'ai l'impression que mes parents ne savent plus quoi faire de moi et qu'ils sont désemparés. Je deviens de plus en plus insoumis face à l'autorité des professeurs et à la leur ! C'est même la police qui me reconduit chez moi pendant

---

les vacances d'été, après avoir vandalisé avec une bande de copains une vieille maison abandonnée. Ma mère est très en colère. Ils décident de me mettre en pension.

Je déteste Dieu, je déteste cette vie, je n'ai qu'une envie, c'est de mourir. J'ai terriblement peur d'aller en pension. Je vais être dans le même dortoir que des garçons, j'ai peur de me faire frapper. C'est le cas au début, mais très vite, je réussis à devenir ami avec le mâle dominant, avec qui je me sens en sécurité. Les filles sont super sympas.

Ici, c'est la prison pour ados, les horaires sont ultra strictes, c'est une école catholique privée, ça ne rigole pas et, en dehors des pauses repas qui ne durent qu'une heure, nous passons notre temps à devoir étudier. Le mercredi après-midi, c'est la même chose pour ceux qui n'ont pas de bonnes notes, ce qui est mon cas. J'ai de grandes difficultés à devoir apprendre des choses dont je ne comprends pas l'utilité à venir. On est obligé de se serrer les coudes entre nous, même si les conflits éclatent souvent, j'y découvre une solidarité inconditionnelle que je ne connaissais pas en dehors d'une pension. Nous nous cachons pour aller fumer et nous apportons même un peu d'alcool dans les dortoirs. Je découvre pour la première fois de ma vie l'amitié. Je commence à dévoiler mon homosexualité à quelques amies de confiance, car elles voient bien que j'ai souvent envie de mourir et elles me tirent les vers du nez.

Je suis collé tous les mercredis. C'est une nouvelle habitude. Le surveillant n'arrive pas à m'imposer son autorité. Quand il me demande mon carnet de liaison avec mes parents, je me lève, le fixe intensément dans les yeux, le défis du regard et lui jette à la figure. Il se plaint de moi au directeur de l'école, sa voix tremble, il perd le contrôle et est extrêmement en colère, je m'en réjouis, je le méprise, je me sens fort.

J'écris des textes immondes, où je mets en poésie mon suicide. J'imagine les pires façons de me foutre en l'air, histoire de me venger de tout le mal que j'ai subi dans cette vie. Je veux qu'ils payent, je veux blesser les coupables et les horrifier. Je mets tout cela en chansons et en poésies et j'affiche cela dans la bibliothèque de l'école. Le directeur d'école appelle ma mère qui vient sur le champs, elle découvre mes poèmes morbides. Ils ont tous très peur que je me suicide et remarque que je ne supporte pas l'autorité. Ils n'arrivent à rien avec moi. Mes résultats scolaires sont désastreux.

Heureusement, le week-end, mes parents m'autorisent à travailler en tant qu'humoriste dans des restaurants pour financer mes projets de chansons. J'y retrouve une amie de pension, avec qui nous faisons le mur les samedi soirs, pour aller danser en discothèque et paraître plus vieux que notre âge réel.

La deuxième année, j'ai une dérogation pour sortir les mercredis et rejoindre une troupe d'improvisation théâtrale constituée d'étudiants et d'adultes. Je suis le plus jeune de tous. Ils ont bien voulu me prendre avec eux. Je me sens accepté par les adultes et je découvre un monde nouveau. Je n'ai aucun doute que ma vie future se passera dans le milieu artistique et l'improvisation, là où la sensibilité et la différence sont des qualités plutôt que des tares.

Plus je m'affirme avec des adultes, plus je vis mal le silence de mon homosexualité cachée, je suis terriblement attiré par un garçon avec qui je partage ma chambre. Je ne songe qu'à mourir pour faire cesser cette douleur impossible. Je parle à mes parents de « l'homosexualité en général » et ils sont catégoriques avec leur religion. Ma mère un peu moins tandis que mon père croit que les homosexuels sont des pédophiles et que ce sont eux qui violent les enfants! J'en suis estomaqué. Je lui invente que j'ai un ami homosexuel et lui dis qu'il ne correspond pas du tout aux préjugés qu'il dit. Il me dit que je devrais me méfier de lui, car tout ce qu'il veut, c'est coucher avec moi s'il me tient pour ami ! Il me dit qu'il faudrait une solution pour se débarrasser de ce fléau, mettre tous les homosexuels dans des camps de la mort avec un séropositif au milieu et qu'avec le sida entre eux, on en serait débarrassé rapidement. Sa réaction ne m'étonne pas. De toutes façons, je le déteste.

Je n'en peux plus d'être enfermé dans une pension et je n'en peux plus de baver d'envie et de bander les soirs, fantasmant sur mon collègue de chambre. Je le provoque souvent agressivement et fais en sorte qu'il soit en colère contre moi, qu'il me déteste, à défaut de m'aimer, j'obtiens sa haine et son attention. Mon désir pour lui est un calvaire. Je supplie ma mère de me retirer du pensionnat, elle sent qu'il y a quelque chose qui cloche et c'est ce qu'elle fait. Je suis en 3e mais mon calvaire recommence, je « tombe amoureux » d'un autre garçon. Je porte le désir homosexuel en moi, et où que j'aille, je ne peux le fuir.

Un matin, je me lève et je me dis que je vais me suicider. Alors, au lieu de me jeter par la fenêtre, comme dernière action de vie, je descends voir ma mère et je lui dis que je suis amoureux d'un garçon et que j'ai toujours été homosexuel.

Elle ne me prend pas au sérieux et m'accepte. Je suis rempli de joie, le cœur léger. Je n'en reviens pas d'avoir caché cela tant d'années et enfin d'être accepté et compris !

Quelques heures plus tard, ma mère réalise que ce n'est pas une blague. Elle est effondrée. Effondrée de voir qu'elle est passée à côté de moi pendant 16 ans sans jamais avoir vu la réalité. Elle croit que c'est de sa faute. Qu'elle a loupé mon éducation. Mon père l'apprend aussi quelques temps après, et il semble soulagé. Il réalise la raison du fossé qui existait entre nous depuis des années. Il réalise qu'il me forçait à me conformer à l'image d'un garçon, alors que je me prends pour une fille. Je lui explique que j'ai prié Jéhovah pendant des années pour devenir normal mais que rien n'y faisait et que je voulais mourir. Sa religion prend un sacré coup derrière les oreilles ! Il est plus déçu par sa religion que par moi. Il me dit qu'il ne comprend pas pourquoi la bible condamne tant les homosexuels, car il dit qu'il me connaît et qu'il sait que je ne suis pas malsain et que je suis sincère. Ouf ! Je ne suis donc pas un pervers ! C'est la première fois que je réalise que mon père m'aime. J'ignorais complètement cela ! Je suis en état de choc, j'ai la sensation que le plafond s'est écrasé sur moi, que ce que je suis en train de vivre n'est pas réel. Mon père mettra quelques années avant d'accepter complètement ma sexualité, alors que pour ma mère, le processus ira plus vite.

Au collège, mes réactions changent. Quand je me fais traiter de « PD », je leur réponds qu'ils ont tout à fait raison et que je suis fier de l'être. Ils n'ont qu'à venir me frapper, cela n'y changera rien, j'ai pris l'habitude des coups, ce sont eux qui vont se casser les dents avec moi.

Je me sens libre. Je n'ai plus envie de mourir mais je suis bien décidé à vivre ma vie. Je réalise que je ne me suis jamais senti aussi vivant que lorsque je dépassais mes peurs, mes limites et que j'affirmais qui je suis !

Je dis au garçon qui me plaît que je suis attiré par lui. Il se dit complètement hétérosexuel, mais si je le suce et qu'il m'encule, pour lui ça ne change pas grand-chose. Je découvre ma sexualité pendant plusieurs mois avec lui…

Arrivé à 17 ans, j'ai une poussée en moi qui m'attire vers les mondes invisibles. Un jour, je me promène dans une librairie ésotérique et j'y découvre un gros bouquin sur la magie blanche et les rituels cabalistiques. Je lis le livre avec grand intérêt. Les Témoins de Jéhovah ne me correspondent pas, mais ils ont eu au moins le mérite de ne pas me baptiser à mon enfance. Je me dis que cette religion a au moins le respect d'attendre que la personne s'engage de son plein consentement et qu'elle ait l'âge pour en saisir le sens.

J'apprends par cet ouvrage que je suis en co-création avec l'univers. Je lis que si je m'harmonise avec les planètes dans mon énergie, tout ira bien dans ma vie. J'apprends que si j'ai un blocage par exemple dans ma vie affective, c'est un blocage que je porte à l'intérieur de moi qui empêche l'énergie de Vénus de circuler librement et que, par les rituels de purification que je fais, cela m'aide à enlever mes impuretés et que cela m'aidera à évoluer en conscience, en faisant descendre la lumière divine sur moi.

Je vis un conflit intérieur entre Jéhovah, Dieu de ma religion d'enfance et la magie cabalistique. D'après ce que j'avais appris, ces cérémonies étaient considérées comme sataniques. Je sais que je ne suis pas très ami avec Jéhovah, mais de là à ouvertement faire allégeance à Satan…

Pourtant, au fil des pages que je lis, je trouve bien plus d'amour dans cette magie blanche que dans l'expérience que j'ai des Témoins de Jéhovah. Je me prête au jeu et réalise mes premiers rituels. Je me détache de mes anciennes croyances… pour en adopter de nouvelles !

Se défaire des autorités extérieures… pour enfin croire en soi !

L'expérience que j'y fais est extraordinaire. Je ressens **physiquement** les descentes d'énergies sur moi. Il m'arrive différents symptômes dans mon corps, vertiges, nausées, diarrhées !

Je combine mon apprentissage avec l'initiation magique de Franz Bardon, où il ne s'agit pas ici de magie rituelle, mais de former mon corps physique, astral et mental pour la magie.

Pendant plusieurs mois, je combine les différentes pratiques et je deviens passionné. Non seulement, je ressens un meilleur équilibre dans ma vie, mais j'obtiens des pouvoirs occultes. Ma grande difficulté naît du conflit intérieur entre mes anciennes croyances et l'emprise du Dieu « Jéhovah » que j'ai l'impression de trahir pour d'autres Dieux.

Plus mon pouvoir grandit dans l'occultisme, plus j'étends mon apprentissage à différentes branches : tarot de Marseille, voyance par la boule de cristal, numérologie, astrologie, magnétisme, chakras, Reiki et je continue ma formation en magie blanche, rituelle et aussi dans mes différents corps. Les adultes que je rencontre dans les stages se réjouissent de voir un « jeune » s'intéresser à cela aussi tôt dans sa vie.

Mes pouvoirs grandissent sans cesse. Je parle de la magie à tout le monde, c'est tellement miraculeux ! Je fais des démonstrations de mes pouvoirs pour les plus sceptiques. Par exemple, lorsque je sors en discothèque avec mes amis et que nous faisons la queue dehors, je leur « prouve » mes pouvoirs occultes. Par la pensée, je me concentre et, à l'aide de différentes manipulations énergétiques, le videur vient nous voir, nous fait passer devant tout le monde et nous rentrons gratuitement. Je m'amuse beaucoup avec la magie. Je déclenche à volonté l'orage et de nombreux phénomènes climatiques. Mes amis me demandent beaucoup de services avec la magie.

Une amie en rupture me demande de faire un sortilège d'amour pour faire en sorte que son ex retombe amoureux d'elle. En quelques instants je me concentre et le soir, où elle rentre chez elle, le voici raide amoureux et envoûté. Ce sera de courte durée, le lendemain, il la battra violemment et elle reviendra me voir en pleurs et ensanglantée. Je lui explique qu'il existe parfois un retour de sort pour que la nature puisse retrouver son équilibre si les choses ne sont pas justes.

J'utilise la magie avec plus de sagesse et discernement pour veiller à unir les conditions énergétiques mais sans forcer, car j'en découvre les dangers. Autour de moi, beaucoup d'amis s'éloignent et me soupçonnent d'utiliser la magie contre eux derrière chaque malheur qu'ils rencontrent...

De mon côté, ma vie devient de plus en plus harmonieuse et croît. Je rencontre un beau garçon qui m'aime et me respecte, nous vivons ensemble. Il s'appelle Stéphane.

Je m'installe à mon compte et deviens, après avoir fait le conservatoire de musique, prof de chant, mais aussi

---

voyant et « marabout » occidental ! J'organise des séances de voyance, désenvoûtement et je connais bien le monde subtil.

Stéphane m'offre une Ouija. C'est une tablette en bois sur laquelle sont inscrites des lettres pour parler avec les morts ou le monde subtil. Les premiers essais sont infructueux. Cela ne marche pas. Je commence à douter. Puis un jour, une amie dont la mère est décédée vient chez moi et nous tentons l'expérience à deux. Le résultat est très concluant, nous obtenons une conversation avec sa mère !

Je m'attelle à l'art du spiritisme pendant de longs mois et plus je pratique, plus la communication passe. Avec le temps, je finis par n'avoir pour outil qu'un stylo, l'esprit prenant possession de ma main pour écrire directement sur une feuille de papier.

Ma profession de voyant médium fonctionne bien, je peux prouver sans « triche » que c'est bien le défunt qui prend possession de ma main, car je ne demande rien à mon client et l'esprit qui arrive écrit son nom, sa date de naissance et des informations personnelles, dont je ne peux avoir connaissance. Mon client doit juste avoir un contact physique avec moi pour que ma main écrive (la main posée sur mon bras par exemple). Je combine ma pratique avec le bouddhisme et je médite régulièrement. Le nirvana est beau, mais je redescends vite une fois la méditation finie !

A force de communication, certains anges, se disant des « maîtres ascensionnés » viennent me voir et me parler. Ils me flattent et me disent que je suis un être à part et qu'ils m'ont choisi pour accomplir une grande mission pour la terre. Je les crois ! La Vierge Marie elle-même vient me parler et elle me dit qu'elle s'appelle « Aset, Isis, Astarté ou Ishtar ». Qu'elle est la mère de Dieu et la créatrice de l'univers. Elle me dit que c'est un honneur pour moi de la recevoir. Elle me dit que si je l'autorise à rentrer dans mon corps, je serai purifié.

Je tente l'expérience et je ressens un amour puissant que je n'avais jamais connu jusqu'ici. Mes larmes coulent. C'est comme si je recevais toute la douceur qu'une mère puisse donner à son enfant dans un condensé insupportable de beauté. Une sensation d'amour et de douceur incommensurable me traverse. Elle vient me voir régulièrement et me possède plusieurs jours par semaine.

Plus je rentre en contact avec elle et plus j'ai envie de lui donner mon corps. Mon amour pour elle devient une vraie drogue. Les conversations mondaines ne m'intéressent plus. Je ne fais plus partie du genre humain. Cette vie-là ne me plaît pas. C'est tellement plus grand quand je fusionne avec le monde subtil et la Déesse de l'univers !

Les mois passent et je ne peux me passer de communiquer avec l'au-delà. Les promesses et prédictions sont alléchantes : je deviendrai bientôt une star dans la chanson, Stéphane est l'amour de ma vie et nous vieillirons ensemble, nous serons riches et je sauverai avec l'aide de la Déesse l'humanité toute entière du désastre ! Rien que ça !

Peu à peu, je perds pied. Stéphane s'en inquiète, car je ne suis plus présent dans la relation, mais régulièrement « possédé » par la Déesse ou en communication avec des esprits coincés dans les niveaux inférieurs, qu'en bon sauveur, j'aide à monter au paradis !

Un matin, je suis en consultation à la librairie ésotérique de St Etienne, quand nous apprenons les attentats de New York. Je suis effondré. La Déesse me parle et me fait ressentir toute la souffrance des victimes des tours et toutes les personnes que je dois aider à ascensionner au paradis. Cela me prend une énergie considérable, je suis épuisé et complètement déprimé de ressentir autant de souffrance.

Le lendemain, le 12 septembre 2001, c'est l'effondrement de ma tour à moi. Stéphane m'annonce qu'il me quitte. Il n'arrive plus à vivre avec moi, car il a l'impression de vivre avec un fou. Il me dit que j'ai complètement pété les plombs avec l'occultisme.

Il me dit qu'il part. Je suis effondré mais la Déesse revient me posséder et elle me dit qu'il ne partira pas. Je n'ai pas à m'en faire, ce ne sont que des menaces. Je dois tenir le coup et continuer mon travail avec elle.

Trois semaines plus tard, Stéphane fait ses bagages et part s'installer ailleurs.

Les esprits et la Déesse me promettent qu'il va revenir. Les cartes, les pendules, les voyants me disent tous la même chose, ils sont catégoriques.

Les jours passent, je sombre en dépression. Mon métier n'a plus de sens, car je ne crois plus moi-même aux prédictions des anges et de la Déesse. Même mon métier de prof de chant n'a plus de sens, je suis endeuillé de ma relation amoureuse, et à 21 ans, ça fait mal !

Mes proches me réveillent, ma mère me réveille. On me dit « Reviens sur terre, tu as pété un plomb ».

Je commence à comprendre que je me suis attaché à un mensonge. Le monde subtil n'est pas aussi beau qu'il en avait l'air.

Je me fais violence et histoire de bien reprendre les pieds sur terre, je décide de bosser dans un fast-food. Éreinté, je n'ai plus le temps de penser. Je me rends compte que je me suis complètement endoctriné. A chaque geste posé dans ma vie, j'ai l'impulsion de vérifier la position de la lune, les heures pour la numérologie, je surveille chacune de mes pensées, car j'ai peur, en bon bouddhiste, de me créer un mauvais karma qui n'arrangerait pas ma situation ! Ma vie est un cauchemar et tout est compliqué! Je me rends compte que mes proches avaient raison, je suis en train de devenir dingue !

Je prends la décision d'arrêter les communications avec la Déesse, car elle ne fait que me mentir. Mais je suis drogué. J'ai besoin qu'elle me dise que Stéphane va revenir. Ça me fait du bien au milieu de mon horreur. Alors je lui laisse à nouveau prendre possession de mon corps.

Je me rends compte que je suis devenu dépendant et qu'il n'est pas facile d'arrêter l'occultisme. Je prends la ferme décision d'y mettre fin et je brûle mes outils de spiritisme, à la surprise de ma voisine de palier qui raconta par la suite que je faisais « brûler le diable » chez moi !

Suite à cette décision, le monde subtil se révolte et n'est plus du tout sympathique. La nuit, je suis réveillé par un déplacement des meubles de mon salon, les chaises sont renversées, de terribles coups frappent dans les murs. Curieusement, je n'ai pas peur, je sais que c'est le monde occulte qui s'énerve, mais je me crois plus fort que lui.

Je commence à réaliser la gravité de la situation quand une nuit je me réveille et que je m'aperçois que je suis au bord de la fenêtre et qu'une voix me dit « Vas-y, saute, tu dors, profite-en, tu ne sentiras rien et la douleur que tu vis sera finie ». Je me ressaisis et là, je commence vraiment à prendre peur. Dès le lendemain, je me fais prescrire de puissants somnifères pour faire cesser les crises de somnambulisme et m'assommer complètement.

Je vis deux grandes désillusions :

- La relation avec Stéphane qui se termine,

- Le mensonge dans lequel j'ai baigné pendant mes dernières années par l'occultisme.

Ma dépression est terrible. J'ai 21 ans et je perds mes cheveux par plaques énormes. Je deviens chauve à l'arrière de la tête. Les psy me disent que c'est dû à une grande période de stress et une psychose, car je suis toujours convaincu que mon ex va revenir ! Vive le déni !

Je suis sous antidépresseurs et je vis l'enfer pendant plusieurs mois. Aucune énergie, les idées brouillées, mais cela me sera temporairement agréable, tant obsédé par mon ex et l'occultisme, je jouis d'avoir le cerveau endormi pendant plus de six mois.

Mais une voix intérieure se fait entendre et me pousse à retourner à la spiritualité. Je sens que je ne dois pas jeter le bébé avec l'eau du bain.

Je retourne dans la librairie habituelle et découvre les 4 accords Toltèques de Miguel Ruiz. Ce petit livre très simple me ramène à ma responsabilité créatrice dans ma vie, avec seulement 4 outils pour me déprogrammer de mes croyances. Avec tout l'occultisme et les désillusions que je viens de me payer, j'en ai grand besoin.

Peu à peu, je mets en pratique ces 4 accords de sagesse et ma vie se reconstruit progressivement. Je travaillerai pour une compagnie de théâtre, puis, plus tard, je monterai ma propre école artistique. Je rencontrerai aussi en 2003 Ryan, avec qui je suis toujours en relation.

Se défaire des autorités extérieures… pour enfin croire en soi !

Je découvre en retournant à la spiritualité, mais avec un discernement différent grâce à mes déboires, que le pouvoir est en moi pour créer ma vie.

J'apprends par ailleurs les techniques de « loi de l'attraction » mais je me rends compte que les effets sont comme avec la magie. L'occultisme ou ce genre de pratique sont comme un élastique de la réalité, sur lequel on tire en le dirigeant là où nos désirs sont. Les effets sont de courte durée. Tout ce qui est initié par le corps mental et le corps vital ne vient pas de l'âme. L'élastique une fois relâché revient dans sa position d'origine, la solution n'est pas ici.

Je comprends peu à peu que mes expériences de vie en apparence désastreuses ont été des cadeaux d'évolution incroyables :

- Vivre le rejet, la violence et la discrimination enfant me permet aujourd'hui de savoir m'affirmer sans avoir peur du regard des autres. Je n'ai pas peur de dire mes opinions et ma vérité et cela m'est très utile !

- Ma rébellion de mouton noir auprès de l'autorité de mes parents ou de mes professeurs me permet aujourd'hui d'avoir un ego suffisamment fort pour me positionner. Je m'attelle à transformer le mouton noir pour m'affirmer sans pour autant faire la guerre avec l'autre, mais simplement en me respectant dans mes choix. Cette transformation est progressive, je surveille et surprends encore de vieilles réactions de révolte en moi, mais plus j'en prends conscience, plus elles s'affaiblissent.

- Mes expériences avec les mondes subtils m'ont permis de réaliser que le pouvoir extérieur était un piège et une sérieuse dépendance qui engendre la folie ! J'ai vécu la difficulté de savoir y renoncer et mon âme m'a créé, par sa grâce, un réveil suffisamment radical et déstabilisant, afin de faire tomber ces illusions-là.

- La réalité créée à partir de l'action consciente dans la matière produit des résultats de qualité et sur du long terme. C'est dans le corps et l'action que l'apprentissage de la vie se passe, pas en s'évadant avec les dogmes religieux, l'ésotérisme ou les techniques du monde subtil!

Sortons de l'illusion et observons la réalité :

Que se passait-il lors de mes expériences de spiritisme :

Aujourd'hui, je suis convaincu que je ne m'adressais pas aux défunts mais à l'image que mes clients se faisaient de leurs disparus. Cette image créait une forme dans leur aura et lorsque je pratiquais le spiritisme, il me fallait toujours un contact physique avec la personne, pour que l'énergie passe.

Mais alors, qui parlait ?

Se défaire des autorités extérieures… pour enfin croire en soi !

N'oublie pas que nous sommes créateurs. Je canalisais simplement la forme de pensée qui était créée par mon client (un schème). Plus nous faisions de séances, plus cette forme se nourrissait de notre énergie et plus elle avait d'emprise sur nos personnes.

Était-ce la Vierge Marie qui venait me parler ?

Certainement son égrégore et l'amas énergétique créé à partir de la masse des fidèles qui alimentent le réservoir par leur foi et leurs prières. L'amour et la douceur que je ressentais était l'énergie des autres adeptes.

Un égrégore est une énergie vivante. Nous sommes créateurs, ne l'oublions pas.

Cette énergie, pour continuer à vivre, n'avait qu'une seule idée en tête. Me garder sous son emprise. A chaque fois que je lui autorisais l'entrée dans mon corps, je me faisais siphonner, c'est le mot !

Toute l'énergie créatrice que j'aurais pu mettre dans mon développement relationnel, artistique, professionnel dans ma vie était pompée par l'égrégore de la Vierge Marie.

Bien sûr, pour que je lui ouvre la porte en moi, il fallait me flatter et me dire que j'étais un être à part. J'obtenais parfois quelques vérités sur les prédictions, mais toujours teintées de bons nombres de mensonges.

L'ego est vorace et affamé. S'il sent qu'il perd son emprise, il peut pousser son hôte jusqu'au suicide, afin de le pomper au maximum en énergie vitale, lui et toute l'énergie émotionnelle des proches après le décès.

J'étais un bon mouton qui croyait en la protection de son bon pasteur.

Je n'avais pas réalisé que la fonction du berger est de tondre le mouton, jusqu'à ce qu'il n'ait plus de laine et de le conduire à l'abattoir, en lui faisant croire que c'est pour son bien…

Que ce soit par la religion ou les spiritualités, je vends mon âme et accepte d'insérer en moi un ego extérieur qui me dit être porteur de lumière. Dans ma démarche spirituelle authentique, je dois me défaire de mon propre ego, celui que je porte dans mes trois corps (physique, vital et mental). C'est un obstacle considérable de se rajouter des égrégores et des egos extérieurs en plus du mien.

Ce n'est pas grave, l'âme est immortelle et elle a l'éternité pour se réaliser. Mais je peux gagner en discernement, en qualité et en rapidité si je comprends et saisis mieux ces différents phénomènes et que je ne tombe plus dans leurs pièges.

De par mon expérience concernant les différents participants que j'ai eus dans mes stages de développement spirituel, ceux qui sont attachés à la religion, l'occultisme, aux anges ou aux « maîtres ascensionnés » sont ceux qui ont le plus de difficultés pour avancer dans le chemin authentique, c'est une illusion très grande et il faut une détermination et une volonté soutenue pour s'en défaire. C'est parfois impossible si la possession est trop grande et de longue date. Bon nombre sont complètement à côté de la plaque. Je les comprends, je suis passé par là moi aussi !

J'ai pu avoir dans mes rencontres avec des participants à mes ateliers le constat suivant :

- Une participante était convaincue de communiquer avec le Quetzacoalt (Dieux des Mayas), ou d'en être sa réincarnation. C'était en 2009, et elle me disait qu'en 2012 il y aurait la fin du monde. Je lui expliquais que la sagesse était de savoir prendre du recul et de ne pas croire aveuglément même ce qu'on se racontait à soi-même, que je ne croyais pas à la fin du monde annoncée dans le calendrier Maya. Je l'ai mis en garde sur ses communication spirites et lui conseilla d'arrêter, lui expliquant qu'elle était certainement sous emprise. Elle partit très déçu du stage. Elle est aujourd'hui enfermée en psychiatrie car elle a déconnectée de la réalité et se prend pour le Quetzacoalt. On la dit atteinte d'une skyzophrénie grave. Elle fut incarcérée quelques mois avant le 21 Décembre 2012 et sa famille est désemparée. Son mari m'expliqua par mail qu'elle trouvait à l'époque mon stage trop terre à terre, pas assez spirituel. Elle décida de poursuivre son chemin dans des démarches de communication avec le monde subtil et fréquenta d'autres stages qui correspondaient plus à ses attentes. Dans ces stages, on encourageait le channelling et le spiritisme. Il m'expliqua que ces stages-là avaient été des plus néfastes pour elle et qu'ils vécurent une dégringolade avec crises de démences et de paranoïa, pouvant mettre leurs enfants en danger. Pour moi, c'est typique d'une emprise du monde subtil. Je l'avais mise en garde (en vain), pour en avoir fait moi-même l'expérience.

- De manière globale, je constate chez les personnes cherchant à « s'élever » avec les tendances ésotériques un désencrage flagrant, et de grandes difficultés à faire face aux aléas « matériels » de la vie. Le langage est souvent flou, le regard nébuleux, et les réactions émotionnelles disproportionnées dès que j'aborde ce sujet. Non, on ne remet pas ça en question ! Je constate que j'apprends par la suite dans la majorité des cas, pour beaucoup de ces personnes, des dérapages de vie avec dépression et mise en psychiatrie, décompensation psychique, etc... L'exemple précédent est loin d'être un cas isolé, malheureusement !

Se défaire des autorités extérieures… pour enfin croire en soi !

Je remercie mon âme de m’avoir secoué comme un prunier pour que je me réveille et que je ne tombe plus dans ces pièges!

e) **L'ego et le faux pouvoir politique**

Peu à peu, la conscience continuait à monter et les êtres humains se sont détachés de la religion pour remplacer la Théocratie (commandement par un dieu extérieur) par la Démocratie (commandement par le peuple).

C'est encore l'ego qui mène, car cette nouvelle création est réalisée dans un état de conscience de mouton qui a peur du loup et qui veut obtenir la protection de son berger.

Je me suis donc mis à créer des gouvernements, quelque chose qui comme son nom l'indique, 1- gouverne et 2- ment.

Le mot « politique » vient du grec « polis » qui veut dire : la cité –état. Cela signifie que ce sont les politiciens qui ont pour mission de gérer les affaires de la société. Ils ont autorité par un système de hiérarchie dominant/dominé. Trois pouvoirs leur sont confiés : exécutif, législatif et judiciaire. L'exécutif impose son autorité par l'armée qui impose son autorité par des lois (législatif) et le corps policier et qui finalement force l'obéissance par le pouvoir judiciaire, où juges, avocats et procureurs s'assurent que ceux qui transgressent les lois soient pris en charge par le système carcéral.

Comme nous l'avons vu, je suis créateur et j'ai oublié qui je suis en créant un monde à mon image et à ma ressemblance.

Se défaire des autorités extérieures… pour enfin croire en soi !

Dès lors que je n'exerce pas l'autorité là où elle se trouve réellement, c'est-à-dire à l'intérieur de moi, je ne me fais pas confiance. Je me renie, moi et mon identité véritable de créateur tout-puissant. Je donne et remets mon pouvoir à une autorité extérieure, notamment par le vote et par l'argent que je donne.

Comme toute la réalité dans laquelle je baigne est un monde d'illusion qui est le reflet de moi-même, je vais me créer le miroir de ma propre trahison. Si je me renie, je créerai les personnes qui me renieront. Si je ne me fais pas confiance et que je donne mon pouvoir, je me crée des personnes qui sont indignes de ma confiance. J'oublie que je ne suis qu'un et que l'autre, c'est moi !

Je leur lègue mon pouvoir et les voilà riches et moi pauvre. Ensuite, je ne comprends pas comment cela a pu arriver ? Je blâme le monde dans lequel je vis, les politiciens corrompus, alors qu'ils sont à mon image et à ma ressemblance !

Comme le cite Ghyslaine Lanctôt : « **la fonction du berger est de tondre le mouton jusqu'à ce qu'il n'ait plus de laine et de le conduire à l'abattoir en lui faisant croire que c'est pour son bien. »**

Je me prends donc pour un mouton peureux qui a besoin de protection.

Dans son livre « Que diable suis-je venue faire sur cette terre… m'accomplir », Ghis a réalisé le tableau de l'évolution de la conscience humaine, et nous pouvons y découvrir, parmi d'autres éléments, les indications suivantes :

Si je suis **un enfant soumis**, en bon mouton blanc, je reçois de la part du parent normatif extérieur des récompenses :

- **Le pouvoir :** On me donne des responsabilités et je peux commander les autres. N'oublions pas que je porte dans mes mémoires animales la peur de mourir. Pour cela, j'ai deux options dans la course à la survie. Soit je mange plus petit que moi en volant l'énergie, soit je me fais voler la mienne. C'est le plus gros poisson qui mange le plus petit. Le pouvoir m'attire, car il me permet d'être dominant. Ma plus grande peur est d'être dominé. Comme je suis dans un monde faux et de mensonges, plus je mens, triche, manipule, plus je monte en grade dans le troupeau et j'obtiens du pouvoir sur les autres. Pas étonnant que nos politiciens soient les plus menteurs et les plus tricheurs ! Il ne peut en être autrement.

- **L'argent :** Un célèbre proverbe dit « L'argent mène le monde ». En effet, en tant qu'animal intelligent, pour devenir dominant dans le troupeau, j'ai remplacé la force physique par l'intelligence et l'argent. Plus j'ai d'argent, plus je peux soulager mon besoin de sécurité et surtout de reproduction. Dans le troupeau, c'est le mâle dominant, le plus fort, qui peut monter toutes les femelles. Plus j'ai d'argent, plus je peux assouvir mes pulsions sexuelles et avoir du pouvoir sur les autres. Argent et pouvoir vont ensemble.

- **Le prestige :** Dans un troupeau de moutons, on reconnaît les dominants par une toison forte, de grandes cornes, ils affichent leur supériorité. Le prestige m'attire. C'est la reconnaissance par le troupeau de ma grandeur sur les autres. On me donnera des honneurs et des lettres (PDG, Maître, Honorable, Votre Sainteté, etc…) et je pourrais afficher au reste du monde mes diplômes, mon statut, mes succès (médailles, prix), mes biens (bijoux, montre, voiture, grande maison, etc…).

Pour être un bon enfant soumis, je fais comme tout le monde. Par exemple, je vote pour le parti le plus populaire, j'écoute les artistes à la mode, je m'habille comme le décident les couturiers, je choisis ce qui est tendance pour la décoration de ma maison. Je porte une grande importance aux fêtes religieuses, aux traditions, au mariage, aux anniversaires, à la célébration de Noël, je vais au cinéma, je crois aux informations annoncées à la télé sans discernement, je fais beaucoup d'enfants, je souscris à des crédits, j'achète une maison, je place de l'argent en bourse, je prends des assurances, je suis prêt à me sacrifier pour mon pays, je suis patriote pour mon clan, mon équipe de foot, je crois en la religion la plus dominante, etc…. Si je me comporte bien, l'élite me promet le paradis… mais une fois que je serai mort !

Si ma conscience monte et que je réalise que je vis dans un monde de mensonges, je commence à voir la manipulation du berger. Cela me révolte et je cherche à lui désobéir.

Je deviens **un enfant rebelle**, en bon mouton noir, je reçois de la part du parent normatif persécuteur des coups de bâtons :

- **L'exclusion :** Le reste du troupeau ne me reconnaît pas. Si je suis homosexuel, on me traitera de PD et de pervers, si je suis végétarien, on évitera de m'inviter à manger, car ce sera trop compliqué, si je suis écolo, on se moquera de moi et on me dira d'aller vivre au fond des bois, si ma spiritualité est différente, que je fais partie d'une secte, si je m'habille différemment, on dira que je n'ai pas de goût. La différence va générer de la moquerie autour de moi, du rejet. Si je persiste à ne pas me conformer, on ne m'invite plus et je deviens ostracisé.

- **La dépossession :** Comme je ne me soumets pas à son autorité, le berger va intervenir et me retirer mes biens. Par exemple, si je suis médecin et que je pratique d'autres formes de thérapies, je finis par perdre mon droit de pratique. On peut me retirer mes enfants si je suis végétarien sous prétexte que je mets leur santé en danger. On vient me saisir si je refuse de payer les taxes ou l'impôt sur le revenu.

Se défaire des autorités extérieures… pour enfin croire en soi !

- **L'élimination :** Le berger observant le mouton noir désobéir, faire sa loi et voulant s'émanciper en passant sous la clôture, décide de l'emmener à l'abattoir pour ne plus avoir d'ennuis avec lui. Je peux connaître l'élimination par la prison psychiatrique, mes idées ne sont pas « normales » et je finis avec une camisole chimique. Je peux aussi aller en prison carcérale, mon militantisme étant jugé comme un crime pénal ou une incitation néfaste pour les autres moutons. Si j'ai déjà du pouvoir, je me fais exterminer et l'on fait passer cela pour « un accident », comme ce fut certainement le cas pour Balavoine, Coluche, John Lennon, Ghandi, Kennedy, etc…

  Je reçois le bâton suprême, l'enfer pour l'éternité après ma mort.

Que je sois un enfant soumis (mouton blanc) ou rebelle (mouton noir), je suis sous l'emprise de mon ego qui veut changer les autres et qui veut changer le berger.

Le berger ne changera pas, il sera toujours un berger que son costume soit bleu, rouge, ou vert!

Mon ego de survie rentre en guerre contre l'extérieur et pleure lorsqu'il se ramasse des coups de bâtons.

Je me comporte de la même manière qu'un adolescent qui ne veut pas obéir aux règles de ses parents et qui rouspète tout en gardant le gîte et le couvert !

Je suis dans la lutte contre l'extérieur et je fais la guerre. Que je sois soumis ou en rébellion, que j'attaque ou que je me défende, dans tous les cas, je fais la guerre !

Il est grand temps pour moi de retrouver mon identité véritable et de revenir dans l'état adulte que je suis. Un jour, j'arrête de vouloir changer mes parents, je quitte la maison et je m'assume.

L'humanité est au stade de l'adolescence. Elle rêve d'un monde meilleur, d'un gouvernement plus juste, plus écologique, plus éthique.

Je pétitionne, proteste, me déclare citoyen de la terre, fais de la résistance pacifique, de l'objection de conscience...

Si mon ego se raffine, je me mets à faire des méditations pour la paix, à rentrer dans les systèmes pour les influencer et vouloir les changer en douce avec l'aide des anges, des maîtres ascensionnés, etc...

Toutes ces pratiques sont contre-productives, car elles ont toutes pour but de vouloir faire la guerre (la méditation pour la paix, c'est faire la guerre à la guerre), d'imposer sa volonté à l'autre. Je suis encore pris dans l'ego et la loi du plus fort.

Si je veux la paix, je dois arrêter de faire la guerre et ME changer, me comporter en adulte garant et responsable. Dois-je pétitionner contre le massacre des baleines dans l'océan ou arrêter de donner mon argent pour des cosmétiques utilisant leurs graisses ? Dois-je militer

---

contre l'envahissement des multinationales ou simplement arrêter de consommer leurs produits ?

Un jour, je réalise que le vrai pouvoir, c'est moi qui l'ai en tant qu'individu. Tous les systèmes politiques sont faux et corrompus, car ils reposent sur une hiérarchie faite d'un faux pouvoir, celui des individus qui le soutiennent.

L'élite politique a conscience que son pouvoir est une illusion. Son seul but est de le maintenir en place et de faire croire aux moutons qu'ils ont besoin d'un gouvernement.

Le problème avec l'être humain, c'est qu'il est un animal doublement évolué :

- Il possède un corps mental plus grand avec un raisonnement.
- Il possède le libre arbitre. Il peut dire oui ou non tandis qu'un animal n'obéit qu'à la peur et à son corps émotionnel en cas de danger.

Puisque l'individu peut dire non et cesser de donner son pouvoir, l'autorité extérieure doit trouver une solution pour s'IMPOSER.

AUTORITE et OBEISSANCE sont séparées. Elles se font la guerre. AUTORITE doit donc faire peur à OBEISSANCE pour que celle-ci finisse par lui donner son pouvoir.

AUTORITE a mis en place un système de lois auquel OBEISSANCE doit se conformer.

Si OBEISSANCE refuse, AUTORITE utilisera l'intimidation par le système POLICIER.

Si OBEISSANCE refuse encore, AUTORITE utilisera l'intimidation par le système JURIDIQUE.

Si OBEISSANCE refuse encore, AUTORITE utilisera l'intimidation par le système CARCERAL.

Si OBEISSANCE refuse encore, AUTORITE utilisera l'intimidation par l'ARMEE.

Ici, l'autorité et l'obéissance sont séparées. Il existe donc la guerre.

Or, dès que je choisis d'UNIFIER autorité et obéissance dans la même personne, la guerre s'arrête et la paix émerge.

Aucune autorité extérieure n'a de pouvoir sur une personne qui se souvient de qui elle est, la vibration créatrice originelle de tout l'univers et qui n'a plus peur.

Comment unifier autorité et obéissance ?

S'il n'existe plus d'autorité extérieure, est-ce l'anarchie ?

L'anarchie (du grec ἀναρχία / anarkhia, composé de an, préfixe privatif : absence de, et arkhê, hiérarchie, commandement ou « primauté ») désigne la situation d'une société où il n'existe pas de chef, pas d'autorité.

Se défaire des autorités extérieures… pour enfin croire en soi !

Bien qu'étant la forme de conscience actuelle la plus évoluée, j'observe que s'il n'y a pas d'autorité, c'est mon ego et mes désirs qui vont mener ma vie. Si chaque personne donne la priorité à la satisfaction de ses besoins personnels, c'est la guerre ! Imaginez un monde rempli d'enfants capricieux qui vivent sans autorité ni aucune limite !

Qu'arriverait-il s'il n'y avait pas de gouvernement avec l'état de conscience actuelle ?

Ce serait encore la loi du plus fort, avec non pas une mafia officielle (l'État), mais de nombreuses mafias un peu partout. La terreur régnerait, comme on peut le voir actuellement dans certains pays, où l'on assiste à une montée de fanatiques intégristes prenant le pouvoir sur les populations.

La seule solution véritable se trouve dans la Personocratie, c'est-à-dire une personne qui sait que la véritable autorité se trouve à l'intérieure d'elle-même, dans son âme, et qu'elle lui obéit.

Jamais l'âme ne demandera d'aller voler, tuer ou profiter des autres. L'âme connaît la justesse parfaite et sait que nous ne sommes tous qu'UN exerçant une solidarité universelle. L'âme sait que si je dois satisfaire certains besoins de mon ego, je le fais de manière écologique, c'est-à-dire que je prends en considération le fait de ne pas nuire aux besoins d'autrui.

La solution n'est donc pas dans l'objection de conscience mais dans **l'obéissance à la conscience, et son éducation.**

Dès lors, je ne manifeste plus la guerre et le désordre mais la paix véritable.

Le citoyen, propriété de l'État

En droit, une entreprise se dit être une personne morale. Lorsque je rentre dans une entreprise, par exemple Cola Couca France, je dessine le territoire de l'entreprise ainsi :

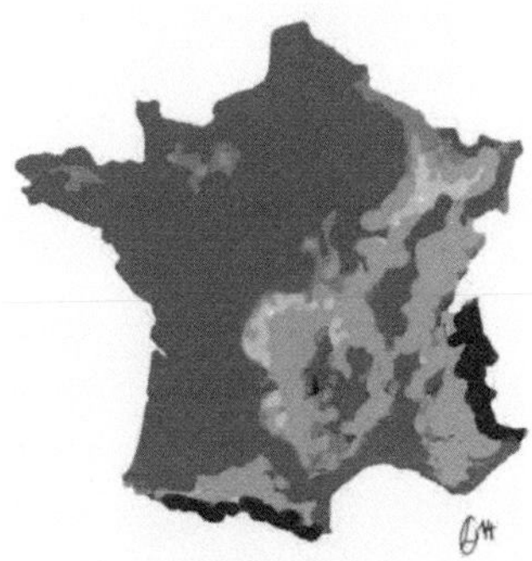

Cola Couca France

Pour devenir employé de Cola Couca, je signe un contrat dans lequel j'ai trois éléments essentiels, décrits par Mary Croft dans son livre « Bankster- vol au-dessus de tout soupçon » :

- Consentement éclairé et volontaire

Se défaire des autorités extérieures… pour enfin croire en soi !

- Divulgation des termes et des conditions

- Contrepartie valable

Je suis donc au service de l'entreprise qui va générer un profit par mon travail.

Si je dessine le territoire d'une autre compagnie, par exemple Marc et Donald's France, le territoire de cette compagnie sera dessiné ainsi :

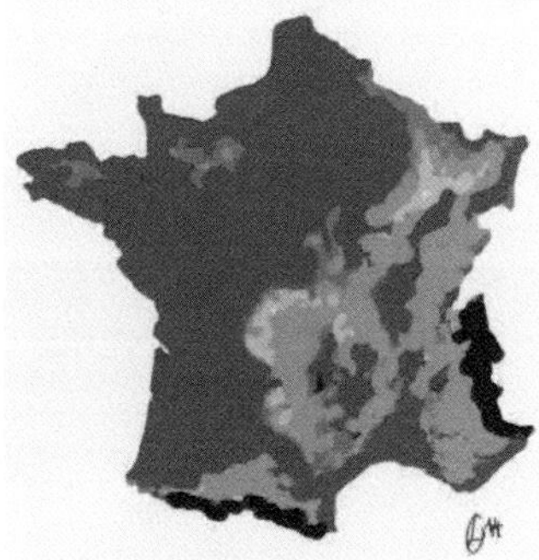

Marc et Donald's France

Je peux par mon consentement décider ou non si je rentre chez Marc et Donald's France.

Qu'est-ce qu'un pays ? Un pays est comme une entreprise, une corporation qui se limite et se définit par un territoire dans lequel il y a une comptabilité avec des recettes et des dépenses. Lorsque je m'identifie à mon pays et que je fais du patriotisme, c'est un peu comme si je m'identifiais à la marque Cola Couca ou Marc et Donald's et que j'étais prêt à me battre jusqu'à la mort pour défendre les intérêts de l'entreprise dans laquelle je travaille.

L'illusion est grande, car les droits de l'homme et du citoyen me disent que les hommes naissent libres et égaux.

Observons ce qui se passe à ma naissance :

Dans les trois jours qui suivent l'**accouchement,** l'enfant doit être déclaré à la **mairie de son lieu de naissance**. Si le délai est dépassé, la déclaration interviendra devant un tribunal : Elle sera plus longue et coûteuse. Certaines maternités disposent d'un officier d'état civil délégué à cette mission. Il passe alors de lui-même au chevet de la maman. Dans les autres cas, c'est le papa ou une personne mandatée par la jeune mère qui se déplace pour effectuer la démarche.

Suite à cette déclaration, le titre légal de propriétaire du bébé est passé de la mère à l'État. Le parent peut garder son enfant s'il le traite comme l'exige le propriétaire légal (vaccination, scolarisation, etc...). La protection de la jeunesse (DDASS) peut reprendre l'enfant et le placer dans une autre famille si elle juge que l'éducation n'est pas conforme à ce qu'attend le véritable propriétaire.

Se défaire des autorités extérieures... pour enfin croire en soi !

Lorsque j'arrive au monde, le gouvernement célèbre ma naissance comme la venue d'un nouvel esclave en enregistrant une société privée qui lui appartient. Cette société porte le même nom que moi, personne physique mais en lettres majuscules.

Pierre Dupont PIERRE DUPONT

Cette personne morale et fictive est une construction juridique à qui l'État confère des privilèges et des obligations. Ce nouvel employé, attribué par un numéro de sécurité sociale, sera un futur contribuable et travailleur pour la société France à qui il payera taxes et impôts.

Si le système légal est basé sur la loi des contrats, est-ce le cas pour le citoyen ?

Reprenons les 3 conditions d'un contrat et observons si c'est le cas pour le citoyen, puisque ce sont ses parents qui signent pour lui à sa naissance :

- Consentement éclairé et volontaire : Non
- Divulgation des termes et des conditions : Non
- Contrepartie valable : Non

Je me réveille et réalise que je n'ai jamais été un citoyen libre et volontaire, mais que je suis la propriété de l'État. Un esclave.

L'État dit me garantir en contrepartie valable des droits fondamentaux :

- ✓ La sécurité
- ✓ La propriété
- ✓ La liberté

La vérité est toute autre dans le monde d'illusion que j'ai créé !

Je ne suis pas en sécurité, car si je refuse ne serait-ce que de faire mes déclarations d'impôts, je peux finir menotté, enchaîné et mis en prison comme en a fait l'expérience Ghis et comme elle le témoigne dans son ouvrage « Évasion en prison ».

Je ne suis pas propriétaire, tous les documents que je signe (achats de voiture, maison, appartement, etc…) sont au nom de la personne légale (en lettre majuscule) qui est la propriété de l'État. Mes biens lui appartiennent et c'est ainsi que je peux être saisi et dépossédé.

Je ne suis pas libre, je ne peux pas dire à l'État que je ne suis pas intéressé par la contrepartie valable du contrat (pensions, allocations, sécu, chômage, etc…) et que je ne souhaite pas être citoyen. Je suis sous la loi de l'État, que je le veuille ou non, et je dois lui obéir aveuglément. Il peut même en cas de guerre me demander de tuer pour lui.

Je vis dans l'acceptation inconsciente des mensonges que les autorités me disent simplement par peur de perdre mes droits et mes privilèges qui sont … des illusions !

L'État a le droit de me tuer, de m'emprisonner, de saisir mes biens et mes enfants et je me crois encore libre !

Je suis un créateur inconscient de mon identité véritable et je vis dans la peur. Je demande la protection et la sécurité à un bon berger qui est à mon image et à ma ressemblance.

Exercice :

- J'observe les débats politiques : Sont-ils constructifs dans un échange d'idées et de création de solutions pour le bien du peuple ? Ou bien suis-je dans une arène où la loi du plus fort, le plus habile, le plus manipulateur réussira à écraser l'autre ?

- J'observe lorsque je paye des taxes et des impôts. Ai-je le choix ? Ai-je eu un consentement éclairé et volontaire, une divulgation des termes et des conditions ? La contrepartie que j'obtiens est-elle valable ?

- J'enregistre avant une élection les débats politiques et je fais une liste des promesses des candidats.

- J'expérimente lors des prochaines élections le fait de ne pas aller voter. Je cesse de faire le mouton. Je constate quelques mois ou quelques années après qu'aucune promesses non été tenues et que mon vote aurait été un leurre.

- Je m'imagine refusant de payer mes amendes ou mes impôts. Si je n'ai pas peur, je peux expérimenter le silence et faire face à des relances administratives. Cela me donne l'occasion de prendre conscience de mon statut d'esclave. Par contre, j'arrête toute démarche de « mouton noir » si je sens que je rentre en guerre et que je veux narguer les autorités, car je sais que je vais vivre les coups de bâtons qui vont avec (exclusion, dépossession, élimination).

Se défaire des autorités extérieures… pour enfin croire en soi !

Synthèse :

- ❖ Comme pour les religions, le gouvernement est l'ego collectif.

- ❖ La citoyenneté n'est pas un choix mais un esclavage, être citoyen c'est être le sujet d'un gouvernement. Cela m'est imposé dès la naissance sans mon consentement.

- ❖ Le pouvoir du gouvernement repose sur la peur et l'intimidation. C'est un faux pouvoir, car il n'est vivant que par la soumission du citoyen.

- ❖ Si je suis soumis (mouton blanc), j'obtiens des récompenses. Si je suis insoumis (mouton noir), j'obtiens des punitions. Dans les deux cas, je reconnais l'autorité extérieure et lui donne mon pouvoir.

- ❖ Je peux décider de me soumettre non plus à l'ego collectif mais à mon âme et ma conscience.

- ❖ Je me souviens qu'au procès de Nuremberg, les nazis furent condamnés pour crime contre l'humanité, car ils avaient obéi aux ordres des autorités plutôt qu'à leur conscience.

- Si je conserve l'illusion d'un gouvernement, c'est parce que j'ai peur de perdre mes droits et privilèges qui en réalité n'existent pas !

- Quand l'esclave meurt, le maître disparaît. Je dois mourir à la peur, sortir de mon rôle de mouton et de victime pour me comporter en être souverain que je suis.

- J'ai le libre arbitre et l'autorité suprême ne se trouve pas en dehors mais à l'intérieur de moi. Je peux dire oui ou non. C'est par la peur que je donne mon pouvoir à l'autre. Je ne suis pas un animal et je peux transcender ma peur et obéir à ma conscience.

- Chaque fois que je vote, je donne mon pouvoir à une autorité extérieure. Même si je vote blanc, je reconnais encore le pouvoir. Toutes ces démarches ont pour but de vouloir changer l'autre. Je n'ai d'autorité que sur moi-même.

Se défaire des autorités extérieures... pour enfin croire en soi !

----

f) L'ego et l'argent

Dans cette société de consommation, mon attention est captivée par le rêve extérieur, le rêve de la planète. Et par ce rêve, il me semble manquer de tout! Je me fais croire par des images de perfections et de bonheur que je serai plus heureux lorsque je posséderai une maison, un conjoint, des enfants, une voiture, un chien, un chat, une télévision haute définition, etc...

Mon ego aime accumuler des montagnes d'objets et me faire suffoquer dans une demeure aux placards engorgés. Et il n'est toujours pas satisfait.

Auparavant, lorsque je voyais un film au cinéma qui me plaisait, je ne me posais pas la question de savoir s'il me serait utile de l'avoir chez moi ou pas. Mon ego s'assurait de me faire croire qu'il serait essentiel de pouvoir un jour le revoir ou le faire découvrir en soirée à des amis. Je l'achetais en dvd lors de sa sortie. Je passais aussi de nombreuses heures de shopping à m'acheter toujours plus de vêtements, car je regardais systématiquement mon armoire pleine en me disant que je n'avais rien à me mettre! Et chaque fois qu'en me promenant je trouvais un objet quelconque pouvant soi-disant améliorer mon quotidien, je l'achetais pensant faire une bonne affaire.
J'effectuais souvent des achats compulsifs, et je ne comprenais pas pourquoi j'étais toujours à découvert...

Je travaillais dur toute la semaine pour régler mes problèmes d'argent et lorsqu'il m'arrivait de craquer, je me disais que j'avais tellement travaillé dur que j'avais bien mérité un petit écart.

Alors une fois de plus, je dépensais mon argent dans des choses futiles. L'achat impulsif me donnait une sensation de liberté. Celle-ci se montrait finalement bien éphémère, car peu de temps après, je m'angoissais à nouveau sur la façon dont j'allais bien pouvoir régler ma situation financière.

Je me disais aussi que j'avais besoin de gagner plus pour m'en sortir. J'avais à l'époque dix-huit ans et j'étais serveur dans une discothèque. Comme je continuais mes études dans la musique et le chant, un jour, je me vis octroyer un poste de professeur de chant dans une école associative. Je fus ravi car j'allais enfin pouvoir travailler à temps plein et gagner ma vie.
Quelques mois après, non seulement je n'avais toujours pas réglé mes découverts, mais mes problèmes d'argent semblaient encore plus importants car mes autorisations de découverts avaient augmenté!
Je me mis donc à penser qu'il serait intéressant de cumuler le travail de la semaine avec celui du week end en discothèque pour m'en sortir.
Évidemment, quelques mois après, les mêmes problèmes revenaient. Ils stoppèrent enfin le jour où je compris que je devais changer mon fonctionnement.

Si la démarche mentale est celle du manque, j'attire le manque. Pour réaliser l'abondance véritable, je peux:

a. stopper la recherche extérieure quasi obsessionnelle

Se défaire des autorités extérieures… pour enfin croire en soi !

----

b. prendre conscience de mes comportements
c. agir autrement

Bien souvent aussi, j’achetai en fonction d'une promotion. Calculez combien de fois vous avez effectué un achat avec un prix défiant toute concurrence pour finalement vous rendre compte que ce produit n'était pas celui qui vous correspondait vraiment.

Souvent ma grand-mère disait: "Pas cher, c'est trop cher!", et elle avait raison. Un proverbe Anglais dit "on est trop pauvre pour acheter pas cher"!
Je constate que nous accumulons une montagne d'objets inefficaces et fragiles au lieu d'investir sur quelque chose de plus solide qui pourrait nous servir très longtemps.

Il est intéressant de toujours choisir la qualité, cela me permet non seulement d'avoir une plus haute estime de moi-même, mais aussi d'avoir une conscience plus incisive sur ce dont j’ai vraiment besoin !

Je me suis mis à l'exercice suivant. J'ai fait une liste complète de tout ce que je possédais en acquisition matérielle. Mon ego ne cessait de me dire de remettre cette opération à plus tard, que j'avais le temps, et je pris la résolution de ne pas l'écouter.
Ce fut très long et fastidieux, mais extrêmement bénéfique. Je ne me rendais absolument pas compte de la montagne de choses inintéressantes dans laquelle je vivais et que je croyais indispensable lors de l'achat initial.

Je remarquai aussi que mon ego cherchait souvent à me dire que j'avais vraiment besoin de telle ou telle chose et que même si je ne m'en servais pas, j'en aurais à coup sûr besoin un jour prochain.

Une fois la liste terminée, je mis une croix à côté de tout ce dont je m'étais servi **dans l'année**. Je jugeai non indispensable à ma vie tout le reste. Je fus surpris de constater que les quatre-vingt-cinq pour cent de mes affaires étaient totalement inutiles et prenaient une place considérable.

Je me suis donc mis à revendre ces affaires là sur Internet, dans des petites annonces, chez des commerçants pratiquant le dépôt vente ou le rachat d'occasion, et pour le reste, je me mis à faire des brocantes les week-end. Aujourd'hui, je continue cette démarche de nettoyage en utilisant des réseaux de monnaies alternatives : JEU, SEL, etc...

Grâce à ce simple exercice, j'ai gagné de grandes sommes d'argent qui me permirent non seulement de régler tous mes problèmes financiers, mais aussi de faire du bénéfice. Je me suis mis aussi à revendre ce dont j'avais vraiment besoin et à le racheter dans une qualité nettement supérieure.

Mon intérieur se métamorphosa. Mes acquisitions sont donc à la fois plus utiles, plus qualitatives sur la durée mais aussi sur leurs valeur. Je ne m'encombre plus du superficiel et je redistribue l'énergie de l'argent sur ce qui me fait le plus plaisir. Je ressens depuis un sentiment de richesse, d'abondance et de fierté avec mon propre environnement matériel. J'estime qu'il est le reflet de ce que je suis à l'intérieur, c'est pourquoi je choisis toujours ce qu'il y a de meilleur!

Bien trop d'objets nous sont inutiles. Nous nous empressons de marcher à la quantité alors que c'est la qualité qui génère un sentiment de richesse et d'abondance!

Une maison, un appartement, un garage, des placards moins encombrés procurent un sentiment apaisant et sont sur un plan pratique bien plus facile à ranger.

Je ne saurais que conseiller le livre "l'art de la simplicité" de Dominique Loreau ou l'on peut trouver de nombreuses suggestions pratiques permettant de se simplifier la vie.

Notre argent est une énergie et une valeur. Il est intéressant de savoir dans quelle direction il s'en va.

Ma mère m'a dit un jour: "là où est ton trésor, là aussi est ton cœur".

Cela se vérifie d'ailleurs souvent au moment où l'on fait ses comptes.
Ce que l'on aime nous coûte bien souvent très cher!

L'argent est un outil d'échange qui a évolué au fil du temps. Il me permet d'effectuer des échanges entre individus mais aussi de manifester qui je suis dans la matière.

Je note souvent une contradiction entre le désir d'avoir de l'argent (corps vital) et toutes les croyances limitantes reçues par la religion ou l'éducation à son sujet (corps mental).

Un outil comme l'argent est neutre en lui-même, c'est le rapport que j'ai avec lui qui me renseigne sur mon état de conscience. Je peux en effet me servir d'un couteau pour couper du pain et me nourrir ou tuer quelqu'un avec!

L'argent circule en permanence. C'est une énergie omniprésente. Dans notre société actuelle, ne pas en avoir est une aliénation totale. Tout a un prix, tout coûte quelque chose.

Si je m'amuse à faire l'exercice de noter, en l'espace d'une ou deux heures, chaque fois que je pense à faire une action qui engendrerait un rapport à l'argent (vente, achat, location, consommation, etc...), je passerais la plupart de mon temps à écrire sur mon carnet.

Moi, être humain de transition entre mon ego et mon âme, mon rapport à l'argent est constant, omniprésent et nécessaire dans ma vie. Je passe la plupart de mon temps à travailler pour en obtenir, mes choix de survie se caractérisent en fonction du coût de mes acquisitions mais il est fréquent que je ne sache pas exactement de combien je dispose...

Se défaire des autorités extérieures… pour enfin croire en soi !

En réalité, bien souvent, je n'en ai pas la moindre idée...

Et l'argent circule toujours. Ce billet se trouvant dans mon portefeuille est passé dans les mains d'une famille qui n'avait que celui-ci pour se nourrir toute la semaine, au guichet d'une banque, dans les mains d'un dealer ; l'historique de ce billet est complexe et sujet à d'infinies possibilités.

Pour obtenir et gérer l'argent dans ma vie, je dois commencer par changer ma vision ainsi que mes croyances à son sujet pour ouvrir les yeux bien grands.

Si j'observe de façon globale mon comportement sur l'argent, je retrouve:

- les achats compulsifs,
- le sentiment de manque et de vouloir toujours plus pour combler le vide,
- un sentiment de culpabilité dès que l'argent arrive avec plus de facilité,
- un tabou considérable sur les questions personnelles d'ordre financier,
- une résignation et un découragement face aux problèmes,
- un dilemme sur les valeurs de l'argent,
- une justification constante de mon comportement,
- une victimisation: "Je n'ai tout simplement jamais de chance".

Cependant, beaucoup d'adeptes du Nouvel Age aiment

affirmer que par "la pensée positive" et créatrice, je peux attirer l'abondance et régler mes problèmes financiers. Comme je l’ai réalisé, la pensée créatrice (corps mental) n'est pas suffisante pour changer les problèmes de comportement liés aux achats compulsifs et à tout ce qui peut faire sombrer mon navire financier. Seule une remise en question importante de mon conditionnement peut me permettre d'avancer sur un chemin nouveau.

Dans son séminaire "L'argent et vous", Maria Nemeth appelle "enrober de sucre une bouse de vache" cette variété sirupeuse d'affirmations qui dit en gros: "Faisons comme si tout allait bien". Elle explique cette jolie métaphore dans son livre "Libérez l'énergie de l'argent":

Pour illustrer ce propos, imaginons que vous trouviez une bouse de vache en plein milieu de votre route - quelque chose que vous ne voulez pas sentir. Mais il faut bien passer à l'action- ça sent mauvais et ça attire les mouches -, aussi vous la ramassez délicatement et l'enrobez de sucre. Vous l'entourez réellement du sucre de la pensée positive: "Le manque, ça n'existe pas. Je dispose toujours de ce dont j'ai besoin". Chaque fois que ressurgit un sentiment indésirable de manque, vous rajoutez un peu plus de sucre. Le problème c'est que la bouse est toujours là. Vous n'avez fait que la recouvrir et elle continue de sentir mauvais. Alors vous continuez de verser du sucre dessus. Mais quoique vous fassiez, vous ne pouvez échapper à l'odeur déplaisante et pénétrante de vos doutes et autres pensées négatives. L'image n'est peut-être pas agréable mais elle va au cœur du problème et de ces affirmations positives.

J'ai oublié que je suis un être illimité et créateur tout-puissant. Je suis donc richesse illimitée ! Comment cela se fait-il que je sois aussi pauvre ?

Je commets dans mon comportement vis-à-vis de l'argent cinq grosses erreurs par lesquelles mon porte-monnaie est troué de tous les côtés.

Dans le livre *« l'argent vers… la création illimité »* de Personocratia, Ghis, France et Mado parlent des 5 fuites d'argent suivantes : *les multinationales, les placements, les assurances, les banques et le gouvernement*.

De par mes comportements de mouton inconscient de mon identité véritable, je donne la priorité à mon ego de survie et c'est la peur qui dirige ma vie. Je ne laisse pas la place à mon âme et à l'abondance.

Les multinationales

Une multinationale place son argent en bourse et obtient de la valeur grâce à ses actionnaires. Sa priorité numéro 1, c'est de faire du profit et de se baser sur la croissance. La croissance doit être ascendante d'année en année. Par exemple, quand une entreprise dit qu'elle a réalisé 10% de croissance, elle veut dire depuis l'année précédente, pas depuis sa création !

J'assiste donc à **une courbe exponentielle.**

Le bilan d'une entreprise est simple à réaliser, le solde correspond à :

Entrées (recettes) – Sorties (dépenses) = Solde

Revenus –Dépenses= Bénéfices

Pour que l'entreprise puisse être en croissance d'année en année, la formule mathématique est simple. Il faut augmenter les entrées et réduire les sorties.

J'observe la mécanique :

Comment augmenter les entrées ?

- exacerber les désirs du corps vital chez le consommateur, basés sur son corps émotionnel plus que sur ses besoins réels, faire de la publicité ciblée et payer des experts mensongers.
- Vendre en plus grande quantité et à un prix plus élevé,
- s'approprier les biens publics avec l'aide du gouvernement.
- Faire du dumping : dans le cadre du commerce international, le dumping est le fait d'exporter une marchandise à un prix inférieur à celui pratiqué dans le pays d'origine – ce afin d'écouler une production à l'extérieur, à prix bas, sans dégrader le niveau de prix sur le marché intérieur – ou de prendre place de manière offensive sur le marché extérieur en pratiquant des marges faibles voire nulles. Ce défaut temporaire de marge à l'export étant compensé par les subventions accordées par le gouvernement du pays

d'origine des marchandises. C'est encore le citoyen qui paye la différence !

- Effectuer des fusions forcées et créer des monopoles privés sur les ressources du pays (réseau ferroviaire, réseau routier et autoroutier, réseau de distribution d'eau, de gaz, d'électricité, ports, aéroports, etc…),
- faire sauter par « la libération des marchés » les barrières tarifaires pour concurrencer les marchés locaux et se les approprier,
- inventer l'obsolescence programmée avec une durée de vie du produit très limitée dans le temps. En somme, vendre de la camelote ! Dès que le produit est assez vendu, changer le design et faire en sorte qu'il devienne passé de mode.

Comment diminuer les sorties ? :

- remplacer les personnes par des machines,
- diminuer les services et donner moins de biens pour le même prix,
- couper les budgets et exiger le même rendement,
- exploiter au maximum toutes les ressources (humaines, environnementales), presser le citron au maximum, jeter et remplacer en cas de besoin,
- délocaliser la production dans des pays sans normes de travail ou environnementales,
- polluer, saccager, faire travailler les enfants…

Faire du « Green washing », se donner une image éthique et écologique pour rassurer les consciences, en trois étapes :

1) dans un premier temps, annoncer dans les médias que l'entreprise va créer des emplois et qu'un gros investissement est réalisé par les propriétaires,

2) puis, petit à petit, remplacer les êtres humains par des machines (caisse à cartes bleues, etc...)

3) enfin, faire quelques investissements sur des fonds éthiques et vendre des produits labellisés AB, Ecocert, Demeter, Nature et Progrès, Maxavellaar, etc...

Comment marche la grande distribution ?

Pour rendre la grande distribution encore plus efficace, des centrales d'achats font directement affaire avec les producteurs en réduisant au maximum les dépenses et en leur imposant des conditions de travail ultra contraignantes. Par l'exclusivité, les producteurs perdent leurs pouvoirs de négociation.

En France, en 2011, **5 centrales d'achats contrôlent 90% de tous les achats du pays**.

L'ego affamé ne s'arrête jamais et il y aura bientôt seulement quelques géants chez les distributeurs au niveau planétaire.

Se défaire des autorités extérieures… pour enfin croire en soi !

Avant la première guerre mondiale, un détaillant vendait au client une marchandise 4 fois son prix d'achat au producteur. Donc, le ration était de 4 pour 1. Aujourd'hui, depuis l'Agétac (Accord général sur les tarifs douaniers et le commerce) et l'OMC (Organisation Mondiale du Commerce) , le ratio est de 12 pour 1.

Au début, la grande distribution visait à supprimer **les marges avant :** en augmentant la quantité de commande chez les mêmes producteurs, ils pouvaient renégocier les limites de baisses de prix autorisées au consommateur. La concurrence était ainsi éliminée.

Depuis 1970, **les marges arrière** ont fait leur apparition. Il s'agit de services facturés aux producteurs de produits pour rentrer dans une grande surface. Il en existe plus de 500 et ils totalisent jusqu'à 60% du coût d'un produit, ce qui crée une grande cause de l'inflation.

Voici quelques exemple de marges arrières : le prix de référencement (être sur la liste), la remise de fin d'année (1 à 3% des achats de la dernière année), le barème d'écart (prix en fonction du volume), le droit d'entrée (prix par produit et par succursale), la gratuité des premières livraisons et le salaire des dégustatrices (test du produit par les consommateurs), la vente des mètres linéaires d'étalage en magasin (réservation de l'espace), les emplacements privilégiés (meilleur visibilité), les campagnes promotionnelles obligatoires (circulaires), etc…

Les producteurs acceptent de payer ces marges pour rester référencer dans les grandes centrales d'achats, sans quoi ils n'y ont plus accès! Les petits producteurs ne peuvent pas rentrer dans les rayons de la grande distribution, les moyens producteurs se saignent. Quant aux très gros producteurs, ils font ce qu'ils veulent et négocient sur tout, car les multinationales courent après leurs produits tant demandés par la clientèle.

C'est la loi du plus gros poisson qui mange le plus petit poisson.

Pour survivre dans ce système, les petits sont obligés de faire de la sous-traitance où la main d'œuvre est moins chère : Chine, Mexique, Inde, Roumanie, etc... et délocalisent la production. Une fois tout le savoir-faire et la technologie confiés aux producteurs du petit pays, la grande distribution arrive et exige aux fabricants de traiter directement sous sa marque. Le producteur original se fait évincer et perd tout. Le consommateur achète des produits de faible qualité fabriqués dans des conditions déplorables.

Le consommateur est le grand perdant.

Je pense en tant que consommateur que je paye moins cher dans la grande distribution. C'est une grande inconscience de ma part. En réalité, je paye très cher des produits de faible qualité. En plus de cela, je ne réalise pas que l'État est toujours au service des gros poissons et que je vais payer beaucoup plus de taxes et d'impôts lorsqu'une multinationale débarque.

Se défaire des autorités extérieures... pour enfin croire en soi !

En effet, l'État paye :

- la recherche pour raffiner la mise au point des produits avec le financement de locaux, salaires et subventions, etc...

- les infrastructures pour accueillir les multinationales,

- le chômage quand les employés sont remplacés par des machines.

Le gros poisson privé encaisse les bénéfices pendant que l'État paye pour les pertes. C'est le citoyen mouton qui paye ensuite sur sa facture.

Le berger trahit le mouton et le vend directement au loup dans le partenariat public/privé.

L'État est un paravent qui garde un visage de bon pasteur et de protecteur. Les ressources du pays sont très souvent transférées au privé par trois étapes :

Concurrence -> Monopole Public -> Monopole Privé

Pour voler les ressources d'un pays :

1) la BM (Banque Mondiale) propose des offres de prêts alléchants. L'État emprunte et c'est la croissance, tout le monde est content et les services marchent bien.

2) La BM demande le remboursement de la dette et fait grimper les taux d'intérêts. Le pays endetté ne peut plus rembourser.

3) Le FMI (Fond Monétaire International) entre en jeu. Il est l'agence de recouvrement de la BM. Il consent à de nouveaux prêts mais accompagnés d'intérêts beaucoup plus forts et la privatisation des ressources commence. Le FMI impose à l'État de vendre ses ressources auprès des multinationales pour rembourser la dette. L'État doit payer beaucoup plus cher pour ses ressources, car elles ne lui appartiennent plus, comme ce fut le cas pour l'eau en Bolivie, même celle tombée du ciel !

J'observe alors l'inconscience collective totale: Pendant que les parkings des multinationales sont remplis, les producteurs locaux hyper taxés n'arrivent pas à joindre les deux bouts !

L'argent du pays est envoyé directement dans celui des propriétaires de ces monstres industriels et quand il ne reste plus de jus à tirer du citron, la multinationale ferme ses portes, laissant le pays sans ressources et dans la désolation.

Comment se fait-il que l'ego du consommateur se réjouisse de collaborer à ce système-là ?

Par la peur du manque et les deux illusions suivantes :

- la création d'emploi (le mouton n'a pas conscience qu'il peut lui-même se créer son propre emploi)

- la quête de la bonne affaire. Le mouton possède une mentalité de pauvre, car il pense qu'il n'a pas les moyens de subvenir à ses besoins.

J'ai entendu bon nombres de moutons bêler avec la fameuse protestation suivante :

« Je n'ai pas les moyens d'acheter bio ou local ou de faire comme toi ».

Pourtant, en me rendant chez eux, force est de constater qu'ils ne regardent pas à la dépense pour :

- consommation de tabacs, alcool.
- Jeux (tiercé, loto)
- Multimédias (pc, télévision HD, consoles de salons ou portables, téléphones, etc…)
- Faire des enfants. Plus ils sont pauvres, plus ils en font !!!

De bien belles chaines physiques (drogues), mentales (propagandes médiatique et illusion que la chance vient de l'extérieur), et émotionnelles (enfants). Avoir des chaînes, ça coûte cher !

Les placements

Lorsque je fais un placement, j'encourage l'intérêt sur l'argent.

Par principe, l'usure est inacceptable. Cela revient à dire qu'un riche prête de l'argent à plus pauvre que lui, et qu'il demande à ce même pauvre de lui rembourser + de s'appauvrir encore pour lui donner des intérêts ! Quelle mentalité !

L'usure est, d'un point de vue économique, un jeu de chaises tournantes.

Pour simplifier, lorsqu'un client effectue un prêt à la banque, comptablement, nous avons :

La banque qui prête 100 euros, elle l'inscrit en débit. L'argent est créé à partir de rien, simplement une promesse de remboursement !

Elle inscrit sur son registre en débit 100 euros

Débit	Crédit
100	

L'emprunteur reçoit les 100 euros en Crédit :

Débit	Crédit
	100

Se défaire des autorités extérieures… pour enfin croire en soi !

Lorsqu'il remboursera la banque, nous auront un équilibre des comptes, car il effectuera 100 euros en Débit et la banque encaissera 100 euros en Crédit.

Emprunteur

Débit	Crédit
100	100

Banque

Débit	Crédit
100 euros	100 euros

La banque a donc encaissé 100 euros à partir de rien, tandis que pour l'emprunteur, les 100 euros remboursé ont été créé à partir d'un travail réel.

Mais comme l'ego est vorace et affamé, les plus malins ont imaginé comment faire ENCORE plus d'argent. Voici maintenant une démonstration de ce qu'est l'usure :

La banque prête 100 euros mais elle demande 110 euros en retour (10% d'intérêts) :

Banque

Débit	Crédit
100	

Emprunteur

Débit	Crédit
	100

Lorsque l'emprunteur remboursera son prêt, il rendra donc 110.

Banque

Débit	Crédit
100	110

Emprunteur

Débit	Crédit
110	100

La banque a réalisé + 10 d’intérêts.

L’emprunteur a donc fait une perte de -10. Mais où est-il allé chercher les 10 manquant ?

Dans le compte d’une autre personne avec qui il a fait affaire.

Hors, comme tout l’argent est créé à partir de l’endettement, par la banque, il y a aura donc une personne en bout de ligne à qui il manquera 10, et qui sera dans l’impossibilité de trouver ailleurs cette somme à rembourser vu qu’elle ne fut jamais créé dans le système économique :

Tierce personne

Débit	Crédit
100	90

Comme cette personne est dans l’impossibilité de rembourser son prêt, la banque se servira sur son hypothèque et encaissera le fruit de son travail. C’est du vol, et c’est tout à fait légal, appuyé par le pouvoir du gouvernement.

Ainsi, je comprends qu’à chaque fois que je fais un placement qui me rapporte de l’intérêt, j’appauvris automatiquement en bout de ligne une autre personne qui elle, ne pourra jamais rembourser son banquier, et qui fera banqueroute.

A la bourse, la spéculation est de mise, et même les monnaies des pays sont à vendre !

Quand je place mon argent, que ce soit pour la bourse, pour ma retraite ou pour l'usure, c'est mon ego, dans sa peur du manque, qui est aux commandes.

En plaçant mon argent pour le profit, je collabore et crée un système d'inégalités, où les riches appauvrissent les pauvres dans un système de survie totale.

Pour me donner bonne conscience, je peux placer mon argent dans des placements dits « éthiques » . Or, je continue à faire de l'intérêt sur l'argent, tout en me croyant vertueux !

Quel mensonge !

Mais qu'est ce qui me pousse, moi, mouton blanc, à placer mon argent ? La peur du manque ! Comme la fable de la cigale et de la fourmi, j'ai ancré dans mes habitudes la peur de l'avenir. Je cotise et place mon énergie pour assurer ma protection le jour où je n'aurai plus rien, et où je serais trop vieux pour subvenir à mes besoins ! Quelle belle programmation créatrice je fais là ! Et en collaboration avec les plus grands voleurs de notre planète en plus !

Se défaire des autorités extérieures… pour enfin croire en soi !

Les assurances

C'est par ma peur du vol (assurance vol), de l'incendie (assurance feu), de la mort (assurance vie), de la perte de mes revenus (assurance salaire), des poursuites (assurance responsabilité), de l'incapacité physique (assurance invalidité) et de la maladie (assurance santé) que je donne mon argent à ceux qui me font peur.

Vais-je m'éviter de vivre ce dont j'ai peur ? Non ! Si je dois vivre un incendie, ce n'est pas parce que je suis assuré que ma maison ne brûlera pas…

Je me dis être créateur mais je donne mon argent à ceux qui se nourrissent de ma peur.

De plus, en cas de pépins, des experts (que je paye moi-même dans mon adhésion à l'assureur) viennent et épluchent ma vie afin de trouver un justificatif prouvant que mon contrat est caduc, car j'ai oublié de signaler un problème de santé ou du fait d'une négligence. Leur objectif : éviter de me dédommager.

Et je continue à payer et à me ruiner pour cela… et je ne comprends pas que je me crée ce en quoi j'ai investi mon énergie et mes comportements…

Les banques

Je dépose mon argent dans une banque, car c'est elle qui est censée le gérer et le mettre à l'abri des voleurs.

Je crois et j'imagine que lorsqu'une banque m'accorde un prêt, celui-ci est financé par l'argent des déposants et qu'ils seront rémunérés grâce à l'intérêt (l'usure).

Je me trompe. Je vis dans l'illusion et ne suis pas conscient du mensonge.

En réalité, le banquier ne possède pas d'argent. Comme nous l'avons vu plus haut, lorsqu'il obtient ma promesse écrite de remboursement, il crée du crédit bancaire, de « l'argent dette ». Cet argent n'existe pas, il est créé informatiquement dès le moment où je signe une promesse de remboursement.

Lorsque je rembourse le prêt d'une banque, j'offre le montant de mon prêt au banquier qui ne possédait pas cet argent.

Actuellement, 95% de l'argent dû sur la planète n'existe que sous forme scripturale, il n'y a jamais eu d'argent prêté, que du vent ! (Voir l'excellent reportage : « L'argent dette » de Paul Grignon).

Si je ne peux pas rembourser mes prêts, la banque saisit mes biens qui sont hypothéqués ou ceux de mes garants.

C'est le cas pour mes dettes personnelles mais aussi pour celles de l'État qui emprunte à des banquiers privés !

Se défaire des autorités extérieures… pour enfin croire en soi !

Une fois de plus, le berger qui me devait protection me trahit et me vend tout cru au loup !

Lorsque j'emprunte pour m'acheter une maison, je rembourse au banquier une maison (alors qu'il m'a prêté du vent) en plus de deux autres maisons grâce au montant total des intérêts.

D'un point de vue mondial, la route vers l'esclavagisme prend quelques étapes :

1) L'endettement des pays amène leur incapacité de payer

2) Le vol des ressources et la privatisation des services prennent place

3) Ceci engendre un appauvrissement extrême

4) Les citoyens acceptent l'esclavage avec des salaires bas et des conditions de travail et de vie intolérable.

Quand je fais affaire avec une banque qui est censée m'apporter sécurité et protection, je me jette directement dans la gueule du loup et fais confiance aux plus voleurs et manipulateurs de la planète.

Quand le pays est trop en crise, les banquiers se servent directement sur les comptes des citoyens, comme ce fut le cas en Grèce. Et cela arrive à grand pas en Europe !

Le quotidien allemand *Die Welt* rapportait que le Fonds monétaire international (FMI) a publié le 22 juin 2014 un nouvel appel à se servir dans les comptes bancaires des épargnants pour payer les dettes des états.

« Le FMI prépare une nouvelle ronde d'expropriation pour les épargnants », titrait *Die Welt*. Le journal décrit l'opération ainsi :

Un plan du Fonds monétaire international prévoit que la réorganisation des dettes sera plus rapide et appliquée de manière plus radicale à l'avenir. Ceux qui seront affectés seront, en premier lieu, les détenteurs d'assurance-vie et les fonds de retraites (...) Le point fondamental est qu'une approche plus flexible sera adoptée. Ceci peut sembler une bonne chose a priori. Mais la conséquence sera qu'à l'avenir les créditeurs seront mis à contribution plus tôt et seront forcés de renoncer à des réclamations. En Europe, cependant, ces créditeurs sont essentiellement des détenteurs de polices d'assurance-vie et autres formes de fonds de retraite. »

Die Welt explique, pour ceux qui auraient du mal à reconnaître la nouvelle réalité, que le FMI entend à l'avenir « fournir son aide financière » que si la réorganisation de la dette d'un pays en difficulté implique une décote, et non pas si on se contente d'un seul rééchelonnement. Le journal ajoute que selon le FMI, le risque d'infection à d'autres pays ne sera plus un argument valable (comme pour le cas de la Grèce) pour empêcher qu'une réorganisation de ce type ne soit mise en œuvre. (source : http://news360x.fr/saisie-comptes-bancaires-fmi-revient-charge/).

Se défaire des autorités extérieures... pour enfin croire en soi !

Une bonne raison pour ne plus placer son argent dans des fonds de retraites ou des assurances !

Quand je fais affaire avec des banques, je paye des experts en économie qui me disent que la croissance et la décroissance économique sont le fruit du hasard alors que tout est calculé d'avance.

La croissance :

Les banksters pêcheurs lancent une ligne d'appât : Beaucoup d'argent scriptural en circulation avec de bas taux d'intérêt. Tout le monde emprunte et mord à l'hameçon!

La décroissance :

Les banksters ramènent la ligne avec tous les poissons accrochés en cessant d'émettre de l'argent dette (monnaie scripturale) et en haussant les taux d'intérêt. Comme tout l'argent prêté n'existe pas, lorsque tout le monde rembourse, il n'y a plus d'argent ! Les entreprises ferment leurs portes, le chômage fait son apparition et les biens hypothéqués ainsi que le fruit du travail des entreprises montées sont récupérés par les banksters.

Cela ne peut se faire sans l'aide des gouvernements qui imposent par la loi le remboursement de la dette, même si celle-ci est virtuelle.

Comme on a pu le voir aux Etats-Unis, des millions d'Américains se sont retrouvés à la rue et ruinés. Mais où était le bon berger ? En train de débloquer des prêts astronomiques pour sauver les banques privés ! Ce sera encore le mouton ruiné (le peuple) qui payera l'addition salée.

Pour qu'un banquier puisse avoir ce pouvoir, il lui faut le monopole de l'argent. Ce pouvoir, les banquiers du monde entier l'ont grâce aux lois passées par des politiciens avides de pouvoir, d'argent et de prestige.

Quelle désillusion !

Moi, être humain sous l'emprise de mon ego, confie mon argent aux plus voleurs, utilise leurs instruments de fichage (carte de crédit) et vends mon âme et ma conscience dans des prêts aux conditions inacceptables. L'élite dirigeante sait tout de moi, ce que je consomme, ce que j'aime, quelles sont mes habitudes, et je consens en bon mouton… avec le sourire, c'est tellement plus pratique de payer en carte bleue ! Youpi !

Le gouvernement

L'État est censé m'apporter la protection et gérer les biens publics en bon père de famille. Le mouton représente le public ayant peur du Loup, le privé. Mais je me fais avoir, le berger me vend systématiquement au loup, c'est la plus haute trahison.

Mes fuites d'argent correspondent aux cinq doigts de la main.

Se défaire des autorités extérieures… pour enfin croire en soi !

La main bien ouverte, mon argent s'envole. Ce qu'il me faut comprendre, c'est que le gouvernement, correspondant au pouce, permet la préhension des autres doigts. Sans le pouce, les multinationales, les placements, les assurances et les banques ne pourraient pas fonctionner et me rouler dans la farine. C'est grâce au gouvernement qui passe des lois servant les intérêts du privé et en leur octroyant des avantages fiscaux et des subventions que toute cette comédie peut se faire.

Si je refuse de me comporter en « Enfant Soumis » et mouton obéissant et que je refuse de payer l'impôt, le bon berger sauveur se transformera vite en loup « Parent Persécuteur » et me donnera un coup de bâton qui peut être très gros et je pourrai me retrouver en prison.

Je crois que le gouvernement est à mon service, alors que c'est une mafia officielle. Tel un maquereau qui briserait les jambes d'une prostituée qui refuserait sa protection, l'État peut me mettre en prison si je ne consens pas à faire la déclaration de ma laine et que je ne me laisse pas tondre.

Cette protection imposée me coûte une fortune. URSSAFF, TVA, impôt sur le revenu, je ne compte plus les taxes qui s'élèvent de jour en jour pour en plus payer des intérêts d'une dette nationale qui n'existe pas !

Et parce que j'ai oublié qui je suis vraiment, que je suis le pouvoir, l'âme créatrice de tout créant un système à mon image et à ma ressemblance, je consens.

Il est temps que je me réveille et que je remette le pouvoir là où il se trouve véritablement, en moi et que j'ose me comporter comme tel, en adulte responsable, autonome et garant !

Voilà pourquoi le gouvernement ne peut qu'imposer un système de lois basé sur le rapport de force et la peur, car il sait qu'il ne possède aucun pouvoir sur moi. Le véritable pouvoir se trouve en moi et j'ai le choix. Je peux dire oui… ou non !

Obéir à mon ego pour assurer mon faux confort et ma fausse sécurité ou bien obéir à mon âme et à ma conscience. A moi de comprendre à qui obéir pour mieux gérer ma vie !

C'est facile à dire mais c'est un pas de géant à faire !

C'est bien plus simple d'aller faire des méditations pour la paix dans le monde et de continuer à nourrir l'ego dans mes comportements d'enfant soumis ou d'enfant rebelle…

Heureusement, la conscience de la vibration créatrice monte et, quand le mensonge prend l'ascenseur, la vérité prend l'escalier mais finit toujours par arriver.

Je garde foi et je sais que je suis tout et un à la fois. Il n'y a pas de coupable. Je suis le mouton, je suis le loup et je suis la victime. C'est une pièce de théâtre que je créée mais je peux aussi en sortir.

Le berger et le loup aussi sont en réalité amour pur. Et ils me créent des conditions insupportables pour me permettre de me réveiller ! Je dors au gaz ! Enfin viendra un jour, où la puce sera obligatoire pour tous, que l'esclavagisme de la population sera total, que les guerres et la famine détruiront tout sur leur passage. Ce jour-là, j'oserai enfin dire NON et cesser mon consentement et ma collaboration ! « J'ai fini de jouer, je ne suis pas un mouton ! MERCI du cadeau ! Je me suis réveillé ! ».

La question est la suivante : Dois-je attendre que le plafond me tombe sur la tête pour comprendre que je dois sortir de la maison, réaliser que celle-ci reposait sur des fondements pourris ou puis-je en sortir maintenant ?! J'ai le choix, je suis libre. A moi de choisir et de décider !

Exercice :

Ma première étape est d'observer ce qui est :

- Lorsque je me rends dans une multinationale, que je fais la queue pour payer mes achats et que j'achète mes produits, dans quel état énergétique suis-je ? A moi de sentir si je suis dans la justesse, obéissant à mon âme. Suis-je dans un élément qui reflète qui je suis ? Suis-je vraiment ok de donner mon pouvoir à l'exploitation que je vois et que je sais ?

- Si j'ai eu des placements en bourse, ai-je vraiment gagné de l'argent ou en ai-je perdu ? Cet argent était-il mérité ? Que se passe-t-il quand j'écoute ma conscience après avoir réalisé que derrière chaque profit que je réalise, c'est quelqu'un qui perd en bout de ligne ?

- Que se passe-t-il pour moi lorsque je place mon argent pour ma retraite ? Si je suis honnête, est-ce par amour pour moi ou par peur ? Si je prends conscience que je suis créateur de ma vie, quel programme fais-je entrer dans mes cellules en leur indiquant que je serai un jour trop vieux pour pouvoir travailler et qu'il me faut placer mon argent ? Si vraiment j'ai trop peur, comment se fait-il que je place cet argent, le confiant à quelqu'un d'autre que moi qui me le rendra plus tard, selon que je serai en vie ou non ?

- Je comptabilise tout ce que je paye dans mes différentes assurances : vie, santé, vol, incendie, salaire, etc… En ai-je vraiment l'utilité ou mes actions reposent-elles sur des suppositions de mon mental peureux ?

- Si j'ai de l'argent en banque, je peux faire l'exercice d'aller voir mon banquier pour le retirer intégralement en espèces. Cela me permettra d'ouvrir les yeux, car je constaterai par mon expérience que mon argent ne m'appartient plus, le banquier refusera de me donner tout en espèces le jour même (la banque ne possède pas d'argent puisqu'elle prête du vent, voilà pourquoi elle n'aime pas que les clients retirent leur argent).

- Si j'ai un prêt en cours, combien le banquier gagne-t-il ? Quelles sont les peurs qui m'empêchent de demander cet argent auprès des personnes que je me crée autour de moi dans ma vie ?

- Je prends une feuille et j'écris ma biographie financière et mon rapport à l'argent depuis tout petit. Quelles étaient les relations que ma famille avait avec lui ? Comment ai-je obtenu de l'argent la première fois ? Comment l'ai-je géré ? J'écris mon historique personnel sur quelques pages, cet exercice renseigne énormément sur mes croyances, mon fonctionnement, mes apprentissages.

Synthèse:

- ❖ Je perds mon argent via les multinationales, les placements, les assurances, les banques et le gouvernement, tout cela parce que j'ai peur de manquer.
- ❖ Je suis happé par le monde extérieur et ne suis pas conscient ni informé de ce que je créé ou ce à quoi je contribue.
- ❖ La pensée positive n'est pas la solution si je continue à me comporter sans conscience.
- ❖ Ce qui crée l'abondance est le changement de conscience ET le changement de comportement.

Se défaire des autorités extérieures… pour enfin croire en soi !

Mon témoignage :

Dès 11 ans, j'ai le bénéfice d'avoir des parents qui me responsabilisent face à l'argent et qui m'apprennent à devenir autonome quand je leur demande de l'argent de poche. Ma première expérience commence un 21 juin pour la fête de la musique. Mon père m'explique que si je veux gagner des sous, je dois créer quelque chose dont les gens ont besoin. A cette époque-là, c'est la mode des badges. Mes parents ont accumulé des boîtes de rangements pour pellicules photos et, avec le couvercle, je fabrique un badge sur lequel je dessine une note de musique.

Je suis avec mes créations dans la rue et j' harponne les passants en leur vendant « un badge qui fête la musique » en ce jour spécial. Beaucoup de gens trouvent l'idée originale. Je me fais quelques pièces sous l'œil amusé de ma famille.

Plus tard, je réclame de l'argent de poche. Mon père me propose le deal de faire le ménage dans la maison et de me payer à l'heure de travail. Je suis heureux de gagner mon argent et suis fier de moi et de ma contribution dans la maison.

Plus tard, à 15 ans, je souhaite produire mes chansons et j'exprime à mes parents mon idée d'aller faire des sketchs dans les restaurants et de gagner mon argent en faisant passer le chapeau.

Je suis en pension la semaine et j'obtiens de mes parents cette autorisation le week-end. Mes représentations sont un succès total et je rentre chaque vendredi et samedi soir avec environ 300 francs en poche, soit 600 francs par week-end, soit 2 400 francs par mois (en moyenne car certains soirs, les restaurants sont vides de clients), ce qui est une somme pour mon âge !

Mes parents qui ne connaissent pas la même facilité financière et qui croulent sous les prêts bancaires et investissements immobiliers de consommation s'inquiètent pour moi. Je gagne mon argent trop facilement et avec des sommes qui dépassent ce qu'ils pensaient. Ils ont peur que je m'habitue à l'argent facile et que je n'en connaisse plus la valeur, eux qui triment tant au travail pour si peu.

Je ne comprends pas leur réaction, car pour moi, c'est tout un pas d'oser faire des sketchs dans les restaurants et d'oser passer le chapeau. Certains soirs, il m'arrive de revenir bredouille. Je ressens que cette peur leur appartient et je me rends compte que je suis « débrouillard ». D'ailleurs, j'entends des personnes de ma famille le dire à mon sujet et cette expérience nourrit la confiance en moi.

Ils me laisseront cette liberté malgré leurs peurs. Je les en remercie encore aujourd'hui.

Les années passent, je finance ma musique et je commence à faire quelques concerts.

A 18 ans, je souhaite devenir « intermittent du spectacle » et me lance sans conscience dans une politique de gauche et d'assistanat.

Tous les intermittents que je rencontre ne vivent pas de leur musique mais des ASSEDIC qu'ils perçoivent de l'État s'ils parviennent à pouvoir justifier le fait de faire au moins 43 prestations déclarées dans l'année. Je m'aperçois vite que tous les artistes que je côtoie trichent et s'achètent eux-mêmes leurs prestations pour obtenir le nombre de cachets nécessaires. Avec l'aide de complices, ils déclarent et payent les ASSEDIC à des dates fictives pour arriver enfin à leurs 43 dates et maintenir leurs allocations ASSEDIC.

De mon côté, je ne triche pas et j'expérimente que je ne parviens pas à pouvoir jouer autant de concerts par an. L'un des amis de mes parents me fait une réflexion intéressante et me dit : « Ne trouves-tu pas que ce statut est un statut d'assisté ? ». Je me défends contre ces arguments et je prends la mouche.

Néanmoins, quelques jours après, je le remercie pour m'avoir donné cette opinion qui me fait avancer dans mon évolution. Je décide de faire le deuil sur ce « statut d'intermittent » et recherche un job dans l'artistique où je ne serai pas dans une recherche d'assistanat et d'argent facile.

Les portes s'ouvrent et, à l'occasion d'un concert que je donne, le directeur d'une école de musique vient me trouver et me propose un poste pour donner des cours de chant.

J'exercerai cette profession quelques années ainsi que des activités de voyance, juste avant ma séparation avec Stéphane.

Lors de la séparation, je suis effondré, je ne parviens plus à exercer mon métier.

A ce moment-là, j'ai 21 ans et je ne peux toucher le RMI (Revenu Minimum d'Insertion à l'époque), car il faut avoir au moins 25 ans.

Je connais un fort moment de crise, je vis une dépression, et bien que travaillant dans un fast food et en donnant quelques cours de chant, je ne peux joindre les deux bouts et garder un appartement dans lequel nous étions deux à vivre autrefois.

Je demande à ma mère de m'héberger quelques temps et je retourne chez elle pendant six mois, le temps de trouver un nouveau travail à temps plein. Je me refais une santé financière avec du travail dans une agence d'intérim.

Une nuit, je fais un rêve étrange. Je rêve à la troupe de théâtre d'improvisation avec laquelle je faisais mes premiers pas sur scène quand j'avais 15 ans. C'est loin derrière tout ça. Je me réveille et dans la journée, je tombe sur l'annonce d'une école d'impro qui offre un emploi pour la gestion de l'école.

Je me rends sur les lieux et découvre que ce sont les mêmes personnes que j'ai connues ! Après quelques négociations et deux mois d'essai, je me fais embaucher à temps plein en tant que coordinateur artistique.

Là, je découvre un métier passionnant et surtout la gestion d'une structure. Comptabilité, gestion administrative, communication, marketing, réalisation des affiches, distribution des tracts, recherche de sponsors et de collaborateurs, vente de spectacles, gestion d'un plateau artistique et organisation des plannings. Je travaille d'arrache-pied pendant plus d'un an, je ne compte plus les heures. Ma vie se reconstruit.

Malgré tout, je vis un conflit lié au manque de reconnaissance dans ce travail. Nous sommes deux employés et le patron ne me donne que les tâches ingrates. Pendant plusieurs mois, je m'investi pour la structure en réalisant un chiffre d'affaires et des ventes de spectacles de plus en plus abondants sans jamais obtenir la moindre gratification.

Après un an, je comprends le manège. Moins j'ai de reconnaissance et plus je donne de ma personne dans mon travail. STOP. La réalité, c'est que c'est moi qui crée mon salaire, je décide de sortir de l'illusion du bon berger qui me nourrit, alors que c'est moi qui lui offre ma laine. Je donne ma démission, car je comprends que je n'obtiendrai jamais la reconnaissance recherchée et que c'est à moi de me la donner.

Je le remercie pour tous les apprentissages que j'ai réalisés grâce à mon expérience dans son entreprise, je quitte la structure et propose mes services dans des discothèques et le milieu de la nuit.

Je réalise des propositions juteuses pour eux : je suggère de réaliser des soirées thématiques en me portant garant et responsable de tout le processus. Ils n'ont qu'à accepter que mon projet passe dans leur discothèque, je prends en charge tout le reste. J'assume la responsabilité de financer le plateau artistique (DJ, Performers, etc...) et m'occupe aussi intégralement de la réalisation de la communication et du financement. En échange de quoi, je gagne la moitié des entrées.

N'ayant pas fait mes preuves, je propose mes services dans des structures qui ont du mal à se trouver une clientèle.

La proposition acceptée, je me mets au travail et un ami, Sébastien, me rejoint dans le projet.

Je donne une thématique à la soirée, contacte les artistes et calcule le budget dont nous avons besoin. Je ne possède pas d'argent mais dans le deal, je dois payer toute la campagne de promotion. Je tire profit de mon expérience et démarche avec Sébastien des bars pour leur proposer d'être partenaire pour les befores et les afters de la soirée en échange d'argent. Sébastien va à la rencontre de boutiques de vêtements et leur propose de profiter de notre support de communication pour insérer aussi leur publicité. En deux semaines, nous récoltons suffisamment d'argent pour financer le plateau artistique et la communication. Nous faisons imprimer des tracts beaux, chers, et luxueux, sur papier vernis... la grande classe. Je suis aussi très fier du graphisme que je réalise pour le support. Nous voilà avec des milliers de tracts à distribuer. C'est le plus gros du travail, nous nous retroussons les manches et nous nous lançons.

La soirée est un joli succès avec du monde au rendez-vous. Tous les partenaires sont contents et tout le monde s'y retrouve ! Je continue pendant quelques temps à effectuer l'organisation de soirées pour plusieurs discothèques mais aussi en créant une structure qui fait de la production de concerts pour artistes locaux. Je prends en charge toute l'organisation des concerts, avec lieu, promotion, diffusion, moyennant un pourcentage sur les entrées. Je réalise que le monde artistique est dur pour tous et que les gens préfèrent majoritairement rester chez eux à regarder la télé plutôt que de venir à la rencontre du spectacle vivant. Le projet ne marchera pas et je perdrai beaucoup d'énergie, rencontrant aussi souvent l'ingratitude des plus jeunes artistes qui ne mesurent pas le travail fourni et qui pensent que je les exploite, ce qui n'est pas du tout la même mentalité que celle des artistes ayant l'expérience du métier et qui ont conscience de l'énergie à consacrer dans la promotion.

Après un an, je laisse tomber la production de concerts, ainsi que les egos démesurés des artistes débutants.

Puis, je monte ma propre école de théâtre et de chant. Je reproduis mon expérience en recherchant des sponsors qui me permettront de payer ma publicité et d'apparaître sur mes supports. Je fais imprimer plus de 40 000 tracts que je distribue seul pendant deux mois d'affilés. On me trouve à la sortie de toutes les facs et la ville est recouverte d'informations sur ma nouvelle école. Dès la première année, le succès est au rendez-vous et je suis complet dans mes activités.

Mes tarifs sont très bas et je n'ose me vendre à un prix juste. Résultat, je passe mon temps à travailler et je parviens tout juste à joindre les deux bouts, une fois les charges et les taxes payées. Plus je donne et plus les gens ne semblent pas contents et ont toujours quelque chose à dire.

Ryan me fait part de son désir de partir de Saint-Étienne et de l'envie de vivre à Lyon. Je le suis dans son projet et j'ouvre une autre antenne sur Lyon. Là, j'ose me vendre au prix juste et je recommence ma campagne de promotion avec recherche de partenaires. La surprise est de taille, en me vendant à un prix plus juste pour moi (mais plus cher pour la clientèle), l'abondance vient plus facilement et les gens sont très contents, ils ne se plaignent pas et, bien au contraire, expriment de la gratitude ! Je commence à réaliser que tout ce que je me crée est un reflet de ce qui se passe en moi-même !

Je me sens à nouveau attiré par la voyance et la cartomancie. J'obtiens la proposition d'ouvrir une ligne audiotel et de gagner de l'argent facilement par l'intermédiaire d'autres voyants, car le service peut marcher 24H/24, à moi de financer la pub au niveau national. Je suis tenté par cette expérience d'argent facile, car j'ai quelques économies. La réalité est toute autre et je perdrai plusieurs milliers d'euros dans le financement non rentabilisé de la communication. Je vis l'expérience que la proposition d'argent facile est un piège dans lequel je viens de tomber mais qui ne fonctionne pas. Si je veux gagner de l'argent, je dois travailler, point. L'expérience s'arrêtera au bout de quelques mois.

A Saint-Etienne, j'ai entre-temps développé l'école qui fonctionne avec trois employés, dont deux à temps plein. Je décide de ne plus investir mon temps et mon énergie dans ce projet-là alors qu'il ne me porte plus. Je cède l'école à mon premier employeur, celui qui m'avait proposé un poste de prof de chant quand j'étais plus jeune. Plus tard, ce seront les employés eux-mêmes qui reprendront les locaux et la direction.

De mon côté, mon école à Lyon est lancée et je n'ai plus besoin de distribuer autant de publicité. Je constate que le plus gros à faire est le lancement d'un projet. Une fois que l'avion a décollé, il n'a plus besoin de fournir autant de carburant, il peut planer et poursuivre sa route plus tranquillement. Ma vie est de plus en plus construite professionnellement et humainement, j'approfondis les sagesses des accords Toltèques. Comme j'obtiens une vitesse de croisière et que je n'ai plus autant besoin d'investir du temps et de l'énergie pour que mon activité fonctionne, je souhaite évoluer et me dépasser dans de nouvelles activités. Je désire partager avec d'autres personnes un développement et une sagesse et offrir des stages et enseignements spirituels. Je ne me sens pas suffisamment équipé d'expériences et d'outils dans le développement humain. J'ai conscience que c'est un tout nouvel avion que je m'apprête à faire décoller et qu'il va falloir dépenser encore beaucoup d'énergie, repartir encore à zéro. Soit ! Je suis motivé et je décide de vivre de nouvelles expériences. Je me finance par mon travail des formations coûteuses en coaching, PNL, Analyse Transactionnelle, je fais de nombreux voyages et formations à l'étranger et dépasse mes peurs. J'investis mon argent sur moi, dans mes apprentissages. Je m'engage et suis des cursus de formation en entier jusqu'au bout ! Le savoir-faire ne me suffit pas, ce que je veux, c'est devenir expert. Cette attitude me permettra de réaliser des apprentissages très approfondis (surtout en PNL où je suis devenu enseignant après 4 ans de parcours du combattant et en sagesse où je partirai faire de nombreux voyages et remises en question dans ma vie personnelle et mes relations).

Peu à peu, j'accompagne des personnes, je me fais connaître et donne quelques stages et conférences. Je constate que je fais trop de choses à la fois dans mes activités professionnelles (musique, théâtre, coaching, spiritualité, PNL) et que c'est comme si j'étais un paysan qui cultiverait différents terrains mais qui, vite débordé par ses multiples envies, n'aurait pas le temps de s'engager vraiment sur un terrain en particulier. Je décide

---

de laisser aller l'école de théâtre, me recentre et j'engage mon énergie sur ce qui me porte le plus intérieurement, l'accompagnement humain et la spiritualité. Cela me prendra environ deux ans avant de laisser de côté mes activités et mon école de théâtre pour me concentrer pleinement à mon nouveau métier.

Aujourd'hui, mes activités fonctionnent et je me sens épanoui. Je retiens de mes expériences plusieurs aspects :

- La réussite ne vient pas sans engagement, elle n'est pas gratuite et ne tombe pas du ciel.

- S'engager veut dire passer beaucoup de temps et d'énergie à nourrir son projet.

- La formation est coûteuse mais indispensable. Croire que l'on peut faire un travail tout seul sans se former et investir financièrement est une mentalité qui provient de l'ego et qui n'apporte pas de bons fruits.

- Les propositions d'argent facile sans travail sont un piège à éviter à tout prix.

- Dépasser ses peurs et oser se faire payer au juste prix est indispensable pour le respect de soi et la confiance de la clientèle.

- Il existe un juste milieu entre l'argent facile et un acharnement professionnel qui devient vite un esclavagisme. Que ce soit d'un côté comme de l'autre, cela ne fonctionne pas. Chez le musicien de la vie, il faut que la corde soit tendue avec justesse (ni trop, ni pas assez) pour produire un son harmonieux.

- Savoir se centrer n'est pas facile, l'ego se croit libre à vouloir changer d'avis et faire tout et beaucoup de choses différentes à la fois. Il n'aime pas la rigueur et la discipline et encore moins tenir ses engagements sur du long terme.

- Apprendre à maintenir sa vision, garder patience et endurance est très utile en cas de découragement. Les choses finissent toujours par payer.

- Savoir rester sincère et sortir de ces illusions. Si ce que je propose ne correspond pas à un besoin réel, inutile de vouloir s'acharner. Dans ce cas, je me donne au moins deux ans d'expérience avant de tirer cette conclusion.

- Je suis créateur illimité. Je n'ai pas besoin de me vendre comme esclave à un employeur. Je n'ai pas besoin non plus de l'aide du gouvernement et encore moins des ASSEDIC ou d'assurance chômage. Lorsque j'accepte ces propositions, cela enfonce profondément une conscience de victime et de pauvre dans mon esprit. Je constate qu'il est très difficile d'en sortir pour ceux qui y sont entrés et qu'ils nourrissent le manque de confiance en eux.

- Si j'investis mon temps et mon énergie, je peux partir de rien et rencontrer des personnes qui ont besoin de mes services ou avec qui je peux collaborer dans l'intérêt commun. La richesse est en moi et autour de moi.

g) **L'ego et le couple**

Bien souvent, j'entre dans les relations non pas par amour mais par besoin.
Si je reprends les besoins de la pyramide de Maslow, je m'aperçois vite que le couple comble mes 4 besoins égotiques de base :

- Survie (par la sexualité et la reproduction de l'espèce),
- Sécurité (j'ai quelqu'un dans ma vie sur qui je peux compter si jamais un jour ça va mal),
- Appartenance (je me sens aimé et reconnu, j'ai quelqu'un qui m'apporte son affection et je sens que j'appartiens à mon couple ou à ma famille),
- Estime (je sais que je peux être utile pour l'autre et cela me permet de me valoriser).

Comme nous l'avons vu, ces 4 besoins sont issus du monde animal et le dernier besoin « s'accomplir » relève du monde humain, ayant la dimension spirituelle en plus des autres espèces.

Or, l'ego étant toujours insatisfait et frustré, je ne parviens jamais à atteindre ce niveau-là, car je dépense mon énergie à vouloir assurer et maintenir mes besoins précédents.

Le couple et la famille est donc une nécessité pour mon ego de survie. Et ces besoins dirigent mon corps mental, vital et physique.

L'amour voudrait que j'aille dans une relation pour vouloir apporter quelque chose, partager, et non pas dans l'attente de ce que je pourrais recevoir...

Dans notre civilisation, nous avons longtemps été immergés dans la croyance, sous l'image du romantisme religieux ainsi que celui des contes pour enfants, que chacun de nous avait sur cette planète "sa douce moitié", ce qui indiquerait que nous sommes donc à la base des êtres incomplets.

Je peux, en effet, ressentir un immense plaisir avec l'être aimé, ainsi qu'une sensation de partage intense. Né du ventre de notre mère, l'inconscient se rappelle cet état d'unité et de fusion, et il recherche cet état.

Dans la réalité le cordon a été coupé. Et cette croyance s'avère désastreuse puisque croyant que nous sommes incomplets, chacun de nous se met à rechercher chez l'autre ce qui lui manque, sous la couverture du romantisme et de ce que l'on appelle « l'amour ».

Lorsque je rencontre une personne dont je tombe amoureux, je projette une image sur cette personne. Cette image reflète mon idéal de perfection, mes espoirs, et ce que je voudrais que soit cet autre. Je remarque certains critères qui correspondent à cette recherche, je me sens compris, aimé, et je m'invente toute une histoire à propos de cette personne.

Je suis heureux d'avoir trouvé une âme qui, comme je le crois à ce stade, partagera avec moi les mêmes croyances, les mêmes valeurs, bref, la même vision de la vie.

Le couple connaît au premier stade cet intense sentiment, et cherche à retrouver cet état de fusion. Une intense activité sexuelle se manifeste, les baisers, les caresses, le toucher sont alors très importants.

Cette étape ne dure pas.

Pourquoi? Car inconsciemment, je recherchais le même état de fusion et de dépendance que je pouvais avoir avec ma mère lorsque j'étais bébé. Mais, je suis un adulte, et ma croissance m'amène à cultiver l'autonomie et la différence.

Dans cette étape, je peux être amené à jouer au jeu de l'autre, et à lui montrer ce qu'il attend de moi.
Pour mon plaisir et la fusion, je peux délaisser mes amis

et mes autres activités. Croire que cette fois- ci j'ai enfin trouvé la bonne personne, et croire que je ne vivrai « que d'amour et d'eau fraîche ».

En réalité, lorsque je rentre dans une relation, c'est pour obtenir ce que je veux, afin de combler mes besoins de bases : sécurité, reconnaissance, estime.

J'investis alors, comme je le ferais dans un placement, mon énergie dans la relation.

Le commerce dans la relation

Tout organisme vivant (même cellulaire) se dirige automatiquement vers un espace qui sera propice à la survie de son espèce. En fonction de la perception de ma réalité (corps mental) et de mes dépendances conscientes ou inconscientes (corps émotionnel), je suis un radar ambulant, dans une recherche perpétuelle. Je trie, sélectionne, approuve, rejette, mes choix de vie et ma réalité se créent en fonction de ce que j'ai vécu, ce qui me sert de point de référence à un encadrement logique.

Il se passe la même chose lorsque j'entre en relation avec les autres.
Je trouve une personne agréable ou jolie si elle correspond à plusieurs de mes critères. Et si cette personne en question semble réceptive et intéressée par les miens, alors je goûte au partage, une osmose, parfois une communion.

Voici les différentes étapes dans la relation de couple :

- La douce illusion : mes attentes sont satisfaites, la relation se porte bien. Je ressens joie et amour (un amour faux puisque lié à un comblement de besoins). Je suis en phase d'illusion, de déni de la réalité, l'autre est mon idéal, il va répondre à mes désirs. Je mets en place des attaches émotionnelles qui seront redoutables en cas de rupture de contrat. Chacun porte des masques et joue un personnage pour satisfaire son partenaire et répondre à son idéal.

- Le choc du réel : Les masques tombent. Mon partenaire ne répond plus à mes besoins, il n'est pas comme je le croyais. L'illusion fait place à la réalité, c'est le déséquilibre, le conflit s'installe (colère).

  Le couple dans la réalité est l'étape où le voile de l'illusion tombe et où les deux partenaires réalisent que leurs attentes ne sont pas satisfaites sur ce qu'ils avaient projeté au départ.

L'autre n'est pas parfait et ses qualités apparentes deviennent des défauts, les miens resurgissent, chacun est confronté au choc des différences, la tentation est forte de partir et de recommencer ailleurs.

Je peux :

Se défaire des autorités extérieures... pour enfin croire en soi !

- Quitter la relation et reproduire le même schéma.

- Faire la politique de l'autruche: je ne comprends pas que je suis dans une négation totale de certains aspects de la personnalité de l'être aimé tant les autres avantages sont alléchants... Je pense que l'autre va évoluer (persuadé que mon fonctionnement est le meilleur) et changer grâce à l'amour et au temps.

- Faire de ma relation un commerce et un compromis.

A ce stade, nous nous mettons d'accord sur les points que nous souhaitons poursuivre dans le couple, puis, sous forme de reproches et de jugements, nous demandons à l'autre de changer afin qu'il puisse correspondre à l'image que nous aurions souhaitée.

Dès lors, nous exerçons un contrôle l'un sur l'autre afin que chacun puisse correspondre à nos attentes. Le plus loufoque, c'est que nous n'avons pas honte de nommer ce contrôle de « l'amour »!

S'ensuit un sentiment profond de frustration, car aucun des deux partenaires ne s'aime vraiment pour qui il est à l'état naturel, mais pour ce qu'il peut recevoir.

Suite à ce compromis, l'amour spontané que nous portions à l'autre pour ce qu'il était se transforme en amour "attente". Et comme nous nous efforçons nous-même de changer pour correspondre aux images de l'autre, nous estimons qu'il est normal que lui aussi change pour nous. Le commerce et les dettes s'immiscent jusqu'à gouverner la relation.

De là, émergent contrôle, déception, mensonge, trahison, culpabilité, jugement...

Les relations pointent du doigt nos conflits intérieurs et nos croyances. Dans la plupart des cas, les relations prennent fin parce que "l'autre ne changeait pas, ou ne faisait pas d'effort".
Les gens passent ainsi d'une relation à une autre, en espérant trouver la bonne personne qui ne les fera plus souffrir. Or, le changement ne règle pas les conflits intra-psychiques puisque nous les transportons d'une relation à une autre.

Pour que les conflits deviennent constructifs, il est primordial d'accepter de se remettre en question et de faire la clarté sur l'état de nos croyances. Les conflits seront ainsi les révélateurs d'une plus grande découverte personnelle.

Je connais une petite histoire humoristique dont je vais vous faire part dans cet ouvrage.

Il s'agit d'un jeune homme qui rencontre un vieillard. Ce vieil homme est seul, alors le jeune lui demande:

Se défaire des autorités extérieures... pour enfin croire en soi !

« Pourquoi êtes-vous seul?
- Parce que je cherchais la femme parfaite.. », se lamente le vieil homme.
- « Et alors? Vous ne l'avez jamais rencontrée? » Interroge le jeune homme.
- « Bien sûr que si! » lui répond le vieillard .
Alors l'autre s'exclame:
- « Mais alors pourquoi êtes-vous encore seul aujourd'hui?
- Parce qu'elle était à la recherche de l'homme parfait! » répond le vieil homme!

Alors : amour de l'autre ou dépendance affective?

La relation peut se maintenir ainsi pendant de nombreuses années si les deux partenaires vont dans la même direction, et trouver un bon équilibre si la communication des besoins et les fonctionnements sont clairs.

La relation permet un magnifique challenge. Celui de voir mes plaies et mes blessures émotionnelles. Mon partenaire fait précisément office de miroir. Lorsque nous nous aimons et que nous nous attirons mutuellement, nous nous embrassons, nous nous touchons, mais si notre corps est recouvert de plaies, et bien ça fait mal!

"Comment se fait-il que l'autre me fasse mal? Il ne sait

pas que s'il agit comme ça je vais en souffrir?"

Comme nous l'avons vu précédemment, chaque être est unique et possède sa propre vision de la réalité. Il recherche une image sur ce qui fera son bonheur. Malheureusement, bien souvent, nous cherchons cette image à l'extérieur de nous-même car nous nous estimons incomplet. "Personne n'est parfait".

C'est la plus grande croyance limitante que l'on ait pu m'inculquer et la plus grande source de malheurs et d'échecs.

Je suis à la base un être authentique qui vit dans la joie, dans l'amour. Je joue, danse, chante avec une totale liberté. Je me sais beau et je suis heureux. Puis un jour, parents, professeurs, enseignants, me font des reproches. Ils me disent que je me trompe. Que cela ne se fait pas. Ils peuvent même me punir.

Alors, pour plaire aux autres et ne pas être puni, je m'efforce de leur renvoyer une image qui n'est pas la mienne mais qui correspond à leurs attentes. Je crois que cela fonctionne, que les gens m'aiment pour ce qu'ils m'ont demandé d'être et cela me plaît. Ainsi, petit à petit, je m'efforce de travailler chaque jour à correspondre à ces attentes et à ces images. Je fais ça systématiquement, de façon inconsciente. Ainsi, ce comportement devient ancré en moi.

Je ne me rappelle plus que c'est un programme éducatif et social, il devient naturel. Je finis par croire moi-même à

---

ce programme et à m'auto- punir si je n'y arrive pas, ou à juger les autres s'ils ne sont pas à la hauteur.

L'être humain est le seul animal sur terre à s'auto punir.

Au fond de moi, je ne suis pas libre, je ressens que je ne suis pas heureux mais je ne sais même plus pourquoi!

Le problème du programme, c'est qu'il n'est qu'un concept. Il n'est pas vrai. Et ce concept, l'humanité le prend très au sérieux!

Si mon partenaire, sous forme de reproches me fait constater que je ne corresponds pas à ce programme, je culpabilise. Je souhaite me punir, et suis même prêt à payer le prix de rester avec une personne qui me maltraite puisque j'estime que j'ai mérité une punition. Je peux même me dire que cette personne doit avoir un grand cœur pour rester avec moi et m'aimer quand même malgré toutes mes imperfections!

Sous tant de culpabilité, je ne m'aime plus. J'ai alors besoin de l'autre. S'il ne m'aime pas, qui donc le fera?
Je suis à ce stade prêt à accepter n'importe quoi pour qu'il reste avec moi.

Mon partenaire qui vit lui aussi dans son programme me demande de correspondre à l'image qu'il souhaite. Je lui demande la même chose de mon côté dès qu'il touche à mes plaies.

Il y a donc en moi :
- mon être authentique,
- l'image que je souhaite projeter,
- l'image que mon partenaire attend de moi et à laquelle je veux bien correspondre.

Il existe en moi trois personnes qui coexistent! Pour mon partenaire, c'est la même chose, nous avons donc un couple qui cohabite avec six types d'images différentes!

Nous ne nous aimons plus pour ce que nous sommes réellement mais pour les images que nous projetons. S'ensuit donc une grande perte de confiance et d'estime dans la relation, car chacun sait au fond qu'il n'est pas aimé pour ce qu'il est réellement.

Chacun souffre, chaque partenaire essaye de contrôler l'autre sous peine de le quitter, et la personne qui est la plus dépendante perd tout pouvoir personnel...

Dans son livre *« La maîtrise de l'amour »,* Don Miguel Ruiz compare les relations de couple d'aujourd'hui à celle d'un dealer avec un drogué.

Beaucoup tombent dans une totale résignation, de peur de ne plus être aimé.

La personne contrôlée finit par ne plus s'aimer elle-même, voire se détester, et le partenaire qui la contrôle perd peu à peu son amour, une profonde lassitude l'envahit ainsi qu'un désintérêt grandissant.

La première étape pour mener vos relations amoureuses sur la route du succès est de savoir pourquoi vous y êtes entré. Beaucoup de personnes entrent égoïstement dans une relation afin de savoir ce que l'autre pourra leur apporter.

La réalité est que je suis amour pur. La paix parfaite, l'harmonie, la douceur, la perfection. Pourquoi est-ce que je manifeste le désordre, la peur, la jalousie, le non-dit, le contrôle et la manipulation ? Parce que je suis sous l'emprise de mon ego.

Je suis inconscient du programme animal de mes cellules. Inconscient du programme biologique dans lequel je vis.

Si je veux accomplir qui je suis vraiment, je dois d'abord observer ce qui se passe dans le programme animal de survie.

L'animal vit en troupeau. Cela lui permet d'obtenir la sécurité. En effet, c'est toujours la brebis égarée qui est la proie du prédateur et qui se fait manger. Je porte cette peur à l'intérieur de moi, voilà pourquoi il est si important pour moi d'avoir une famille dans laquelle je me sens intégré. Voilà aussi pourquoi je peux accepter le bizutage, la soumission et l'humiliation lorsque je rentre dans un clan qui n'est pas le mien. Je suis prêt à tout accepter par peur de me retrouver seul et d'être une proie.

Je maintiens « la famille » en place juste parce que j'ai peur.

Observons l'exemple qui suit :

Imaginons que mon compagnon me dise soudainement qu'il souhaite me quitter pour partir à l'aventure, découvrir la vie et faire le tour du monde sans moi et que notre relation touche à sa fin. Mon corps émotionnel va hurler et je vais être soit en colère, soit triste. Je vais souffrir.

La réalité est que je me suis comporté comme avec l'argent dans ma relation. J'ai fait « un placement » pour garder « une assurance tout risque » et le fait d'être quitté est injuste. Je perds la sécurité dans laquelle je me croyais être.

Je peux lui en vouloir et mon mental me dira qu'il est devenu fou, il portera des jugements négatifs sur lui.

Mais si je sors de l'ego, que je n'ai plus peur de la solitude, de la mort et que je m'aime, je n'ai pas besoin de sa protection, d'assurance, de sécurité et de son affection. S'il m'annonce qu'il part pour faire le tour du monde, je me réjouis pour lui. Je suis heureux d'apprendre qu'il va mettre en place des actions dans sa vie pour s'épanouir et découvrir qui il est. Je ressens de la gratitude pour avoir partagé ma vie avec lui jusqu'à aujourd'hui. Je l'encourage dans son projet. Je suis amour pur!

Par cet exemple, je réalise que tant que je vis avec des besoins animaux inscrits dans ma biologie cellulaire, je suis dans l'incapacité totale d'aimer sans attente.

Dans les besoins biologiques de base, je vis avec la peur de mourir et j'ai créé la reproduction par la sexualité.

Comme l'expliquent très bien Ghis et Mado dans le livret de Personocratia *« La famille vers… la communion d'esprit »,* je vis sous le programme animal suivant :

- Le géniteur : C'est le mâle dominant qui veut baiser (elles utilisent ici le mot baiser pour souligner l'aspect animal) toutes les femelles. Il développe un corps fort et musclé, a un gros pénis (il existe même des opérations pour le faire grandir aujourd'hui), prend du viagra s'il ne bande plus assez, il est un étalon à la sexualité dominante. Comme l'homme est un animal amélioré, il peut remplacer la force physique par l'intelligence et l'argent. C'est ainsi le mâle le plus malin et le plus friqué qui peut monter sur les plus belles femelles.

- Le pourvoyeur : La femelle devient sa possession. Il assure la sécurité financière, souhaite que sa femme soit occupée et lui fait des bébés pour la garder à la maison. Il peut ainsi l'éloigner des autres mâles. Une fois le contrôle de son territoire établi, il lui faudra des maîtresses et de nouvelles conquêtes pour assurer son pouvoir. S'il n'a pas assez d'argent pour s'en payer une, il assouvira ses fantasmes dans une sexualité frustrée via la pornographie, la domination de ses enfants (disputes) ou parfois l'inceste.

- Le protecteur : Son instinct l'amène à la protection du troupeau. Il peut s'engager dans l'armée, devenir policier, pompier, justicier et jouera dans la relation le rôle de père et de sauveur.

Bien sûr, les exemples sont grossis mais si je veux grandir en conscience, je peux analyser les instincts qui sous-tendent mes attitudes et mes comportements. Si je suis sincère, je peux observer quel personnage égotique prend le contrôle de mon corps mental, vital et physique.

De la même manière, en généralisant, j'observe les 3 programmes animaux chez la femelle :

- La séductrice : Être la femelle la plus désirable du troupeau lui assure de pouvoir séduire le géniteur le plus dominant et d'assurer, par les gènes, une descendance avec des bébés forts. Il lui faut donc attirer le mâle. Tous les procédés de manipulation et de mensonges sont bons : maquillage (le rouge à lèvres rappelle inconsciemment la vulve vaginale prête à recevoir le sperme), gros seins (ils rappellent les grosses hanches qui attirent le mâle), parfum (attirer le mâle par une odeur), talons hauts (cela permet un déhanché qui envoie des signes de rut au mâle), teinture de cheveux pour paraître plus jeune et rester convoitée, chirurgie esthétique, etc.... Le QI ne doit pas être trop élevé pour ne pas faire peur à monsieur qui doit rester dominant et fort, les vêtements doivent permettre une prise rapide dans la sexualité (jupes courtes, fendues, etc...).

- La génitrice : Elle se montre plus discrète dans son apparence (rouge à lèvres discret, quelques bijoux, vêtements sobres) afin de montrer une fidélité à son mâle et le rassurer. Elle peut avoir un peu de poids pour montrer qu'elle possède les ressources pour enfanter. Son désir est d'élever des enfants et d'avoir une famille nombreuse en se montrant dévouée et plus intelligente que la première pour l'éducation des enfants.

- L'organisatrice : Elle remplit différentes tâches, infirmière quand le mari ou les enfants sont malades, psychologue pour remonter le moral, femme de ménage qui veille à la propreté du foyer, organisatrice des fêtes de famille et des anniversaires, gouvernante en gérant le budget de la maison pour les courses, les vacances, etc...

Tous ces comportements animaux et grotesques, autant chez les mâles que chez les femelles, sont complètement inconscients et sont basés sur la survie. Ce sont des stratégies misent en place par l'ego afin d'exercer une séduction et une emprise sur l'autre.

Comme la conscience monte, la séparation dualiste homme/femme étant une illusion, le programme animal se mélange et je peux porter en tant que garçon des aspects du programme animal féminin et inversement.

Dans la langue Grec, le mot « amour » connait trois termes : Eros, Philia et Agapé.

Éros est « l'amour qui prend » :

Divinité de l'amour chez les grecs (cupidon chez les Latins), Éros est le symbole de l'amour dans sa dimension sexuelle.

Dans la relation égotique, la peur génère le contrôle dominant/dominé. Celui qui sera libre de ses besoins assurera le rôle de la dominance, tandis que le dépendant sera dominé.

Éros est probablement le type d'amour qui expose le plus à la souffrance pour plusieurs raisons :

Eros est par nature le porteur d'illusion. Je peux m'imaginer que l'autre m'aime parce qu'il a du désir pour moi. Dans la réalité, Eros est lié au désir, et il est un amour qui prends, et qui possède. C'est du vampirisme énergétique.

Ensuite, le désir est sous-tendu par le manque. Eros peut générer un état de dépendance inconscient dont il m'est très difficile de sortir.

Si j'aime en Eros, j'aime en l'autre ce qui me manque, ce que je crois ne pas avoir.

Comme le pense Platon, l'amour est désir et le désir est manque.

Éros, par sa dimension passionnelle, incarne tout à fait cette façon d'aimer.

Philia est « l'amour qui partage, autrement dit qui prend et donne » :

C'est le souci de l'autre, l'amitié, l'amour bienveillant, la solidarité, le plaisir de la compagnie.

En tant qu'intermédiaire entre l'amour qui prend (éros) et l'amour qui donne (agapè), l'amour-philia peut exposer à la souffrance à la hauteur du dosage entre les deux types d'amour qui le trament.

Il n'y a pas de relation qui puissent tenir durablement si chacun des deux partenaires n'y comblent ses besoins! N'est-ce pas ce qu'enseigne l'amitié puisqu'elle ne peut pas vivre sans une certaine réciprocité ?

Agapè « l'amour qui donne » :

Se défaire des autorités extérieures... pour enfin croire en soi !

C'est l'amour en tant que don sans contrepartie dans sa dimension spirituelle. Agapè est, par définition même, le type d'amour duquel on ne puisse pas souffrir, puisque agapè est l'amour qui donne pour le plaisir de donner, sans rien attendre en retour.

Dans son livre *« La maîtrise de l'amour »*, Don Miguel Ruiz raconte la métaphore de la cuisine magique.

Imaginons que vous mourrez de faim. Vous n'avez plus rien à manger. Dès lors, vous aimé en Eros. Une personne sonne à votre porte, et vous propose de vous offrir une pizza au repas. Vous acceptez, et passez un moment délicieux, cette personne à répondu à votre besoin.

Cette personne vient quotidiennement. Puis un jour, elle vous dit :

« Si tu veux que je continue à venir t'apporter à manger, il va falloir que tu changes. Je veux que tu sois comme ceci ou comme cela, et que tu fasses ceci et cela ».

Si vous mourrez de faim, il est probable que vous acceptiez de vous soumettre. Vous vivez dans la peur. Vous pouvez même imaginez « que se passerait- il si cette personne ne venait plus m'apporter ma part de pizza ? Pire, et si ma part était donnée à quelqu'un d'autre ???! ».

Or, un jour vous découvrez que vous avez chez vous une cuisine magique. Cette cuisine peut faire à volonté tous les plats que vous désirez (Agapé). Quand cette personne vient vous proposer de la pizza, vous acceptez et vous êtes heureux de partager un moment avec elle. Vous vivez un amour Philia. Mais si cette personne veut vous changer et vous menace de ne plus vous apporter à manger, comme vous avez une cuisine magique, vous ne vous soumettrez pas et vous refuserez de vous faire manipuler.

En réalité, nous avons tous une cuisine magique, l'amour Agapé existe à l'intérieur de notre cœur. Mais nous avons oublié de nous en servir. Nous avons oublié de nous aimer nous-mêmes.

La communication dans la relation

Dans toute relation, on ne peut pas ne pas communiquer.

Je dois m'habituer à être honnête, intègre et sincère dans mes paroles. Communiquer avec authenticité, c'est savoir reconnaître chez l'autre ses valeurs, savoir l'encourager, le féliciter, mais aussi savoir mettre certaines limites dans ma souveraineté et apprendre à dire non!

La non-communication génère des suppositions et des attentes insatisfaites.

La parole est le reflet de mes croyances. Je consolide mes croyances avec mes mots, c'est une énergie que je manie pour pouvoir me mettre d'accord avec l'autre.

La parole a le pouvoir de soigner, de guérir, mais elle peut aussi tuer, blesser, faire mal.

Bien souvent, j'utilise ma parole sous forme de jugements "Tu n'es pas assez attentif envers moi", "tu n'es jamais là quand j'en ai besoin", "tu ne fais rien pour m'aider", "tu te fiches de ce que ça peut me faire", etc...

Les jugements sont reçus par mon partenaire comme un poison émotionnel qui se propage dans son corps et lui ouvre des plaies. A travers les jugements, mon partenaire n'est pas dans un état de réceptivité pour comprendre mes blessures. Ce sont des accusations. Et que faites-vous si l'on vous accuse? Vous vous justifiez, vous vous refermez, ou vous ripostez... de là, découle souvent à partir d'un petit événement qui semblait à priori sans grande importance, une escalade de jugements, de blessures et de plaies.

Nous sommes deux personnes différentes, nous ne percevons pas la vie ou les situations de la même manière, et nos actions peuvent être considérées, dans le programme de chacun, comme le symbolisme évident d'un manque d'amour. Tout cela pourquoi? Parce que nous sommes dans l'utopie de croire que notre partenaire fonctionne de la même façon que nous, et que s'il nous aime tel qu'on le pense, il doit deviner nos besoins. Tout cela nous semble d'une évidence redoutable dans le subconscient.

Lorsque j'envoie une balle dans un mur, le mur me la retourne avec la même intensité.

Quand je ressens une blessure due au comportement de mon partenaire, j'analyse (avant d'ouvrir le dialogue ou d'entamer des reproches culpabilisants) mes plaies émotionnelles. Qu'est-ce que son attitude suscite comme sentiment chez moi, et en quoi cela me blesse-t-il? Pour quelle raison?

Ensuite, je choisis un moment où nous sommes ensemble et aptes à nous écouter. Je vérifie que mon partenaire n'est pas affairé à une autre tâche et qu'il m'écoute sincèrement.

Il est préférable de consacrer dix minutes d'écoute active à mon partenaire plutôt que de nous disputer pendant des heures sans vraiment nous écouter l'un et l'autre.

Au lieu d'utiliser les reproches et les jugements, j'utilise les méthodes de CNV (Marshall Rosenberg) et de PNL (John Grinder et Richard Bandler).

Voici les quatre étapes de la CNV (Communication Non Violente) :

1) Je relate les faits sans y mettre de jugements ni d'interprétations. Bien souvent, la majorité des conflits viennent de là, et simplement en demandant à mon conjoint pour quelle raison il a agi de telle ou telle façon, peut transformer une situation, à l'angle d'une lumière nouvelle.

2) J'exprime mon sentiment en parlant à la première

personne, et exprime ce que j'ai ressenti par rapport à ses actes, sans l'accuser.

3) Je lui dis quel est mon besoin.

4) Je fais une demande claire.

Lorsque j'écoute l'autre, je reformule ce qu'il me dit en utilisant ses mots à lui (PNL).

Nous allons prendre exemple sur une situation de vie courante où il n'y aurait pas une très bonne communication entre les conjoints:

Imaginons une situation où Marie s'inquiète car Christophe est parti à une soirée, et il ne répond pas au téléphone. Lorsqu'il rentre, voici la discussion:

Marie (très en colère): "Chaque fois que tu t'en vas, tu mets ta messagerie, (supposition de cause à effet), quand tu es avec tes amis, tu te fiches complètement de moi (lecture de pensée).

Christophe (sur la défensive): Et toi, il faut toujours que tu me fasses une crise quand je passe d'agréables moments avec des amis. Tu es d'une jalousie maladive (jugements)!

Marie (encore plus en colère): je me demande pourquoi tu restes avec-moi si tu penses que je t'encombre la vie et que je t'empêche de vivre. Si tu m'aimais, tu aurais un minimum de respect et de considération.

Christophe: Et toi, si tu m'aimais, tu ne serais pas continuellement en train de me faire des reproches, vas donc te trouver un homme qui saura te correspondre si je ne te conviens pas.

Marie: c'est bien ce que je pensais, t'as vraiment pas envie de te remettre en question, tu n'es qu'un égoïste et moi je suis trop gentille à te supporter, le jour où je serai partie, ça sera trop tard!"

Ce dialogue illustratif peut prêter à rire mais en l'analysant, vous constaterez que son mécanisme est très courant dans les relations de couple.

Dans ce dialogue, on voit que les faits exposés sont filtrés à travers l'émotionnel et le jugement de chacun, correspondant à ses propres croyances, d'où de nombreuses interprétations douloureuses.

Voici le même dialogue mais formulé avec un recul émotionnel, basé sur des faits réels, non interprétés, et dans une communication d'écoute active. Voyons un peu la différence:

Marie: J'ai constaté à plusieurs reprises que lorsque tu étais en soirée avec tes amis, je ne pouvais pas te joindre, ton téléphone était sur la messagerie (faits), et à ces moments- là, j'ai ressenti un sentiment de tristesse et la peur d'être rejetée (sentiment). Mon besoin est de me sentir rassurée (expression du besoin). Peux-tu me

---

répondre la prochaine fois (demande claire) ?

Christophe: Donc, si je comprends bien, ce qui te gêne c'est que, lorsque je suis avec mes amis, si je ne suis pas joignable, tu te sens rejetée par moi?

Ici, par sa reformulation, Christophe montre à Marie qu'il est dans une écoute profonde et qu'il est prêt à comprendre son problème.

Marie: (se sentant encouragée par son conjoint) Oui! C'est tout à fait ça! Vu que cela est arrivé plusieurs fois ces derniers temps, je me suis mise à supposer que tu le faisais exprès et cela m'a fait de la peine.

Christophe: (un peu gêné) En fait, je dois t'avouer que l'autre jour nous nous sommes disputés parce que je passais trop de temps avec mes amis. Je n'ai pas insisté sur le fait que c'était une chose qui était importante pour moi. J'ai besoin d'avoir dans notre relation une confiance mutuelle, et lorsque tu m'appelles quand je suis avec eux, cela me donne le sentiment d'être surveillé et aimant ma liberté, j'avoue préférer ne pas te parler et éteindre mon téléphone; je pense que nous pouvons communiquer à un autre moment, où je peux être plus à ton écoute et disponible à cela. Je me rends compte que cela te blesse, alors je vais le prendre en considération. La prochaine fois, je décrocherai et je t'expliquerai que je suis avec mes amis si je suis dans une situation où je peux te répondre.

Marie: Je te remercie. Quant à moi, si ma confiance est

importante pour toi, je m'efforcerai à ne pas t'appeler dans un état d'esprit de peur.

Christophe: Cela me fait vraiment plaisir de voir que tu réagis comme cela. Je m'efforcerai à être honnête avec toi si j'ai envie d'aller voir mes amis et de passer une soirée avec eux.

Dans ce dialogue, chacun a pris en charge ses blessures émotionnelles sans accuser l'autre. Les deux partenaires se sont écoutés mutuellement et ont pris en considération les blessures et les besoins de l'autre.

Il est indispensable dans toute communication de montrer à l'autre que nous nous efforçons de le comprendre, avant de donner des conseils ou de trouver des solutions. Le partage de cette compréhension mutuelle est indispensable avant tout changement. Et bien souvent, le partenaire trouve lui-même une ressource nouvelle une fois qu'il s'est senti comprit et accompagné.

Je garde en conscience que mon couple extérieur est le reflet de mon couple intérieur (âme/corps). Les discordes et les disharmonies m'éclairent sur le désordre existant à l'intérieur de moi.

Si mon partenaire devient violent et agressif ou souffre d'une dépendance sévère, je quitte la relation et mets fin au contrat immédiatement.

Se défaire des autorités extérieures… pour enfin croire en soi !

Si ce sont ses défauts qui m'énervent, j'en profite pour le remercier du miroir que je me crée et travaille sur moi pour apprendre à l'accepter. Si je le quitte, je me recréerai plus tard les mêmes situations à vivre.

Quand deux personnes donnent priorité à leurs âmes et grandissent en autonomie face à leurs besoins, la relation est harmonieuse et enrichissante sur le chemin évolutif. Elle sera très utile en cas de turbulence personnelle par le soutien, l'affection, et l'écoute soulageant ainsi les difficultés rencontrées.

Concernant la reproduction animale :

Si je décide de me vouer à ma vie spirituelle, je ne fais pas d'enfant, car j'ai conscience qu'ils deviendront ma priorité pendant au moins une vingtaine d'années et que je devrai assumer leur éducation. Je prends conscience que si je me suis incarné, ce n'est pas pour assumer l'accomplissement de mes enfants et leur faire réaliser la réussite que je n'ai pas pu vivre mais bien pour incarner mon accomplissement personnel.

Je mets lentement fin à la sexualité qui est le besoin de reproduction le plus primaire dans la peur de la mort. La sexualité abaisse mon taux vibratoire et même la sexualité tantrique qui se nourrit de haute énergie vitale ! Je sors de l'illusion de la reproduction, car je prends conscience que je me crée et que l'histoire des parents et des enfants est une illusion de la pièce de théâtre à l'image de mon état de conscience. Je prends conscience que je ne suis pas la créature de mes parents mais bien ma propre création.

Je prends conscience que l'âme utilise deux moyens pour évoluer et s'ancrer de plus en plus dans la matière :

- L'évolution des corps et des espèces, qui changent au fil des millénaires. Voilà pourquoi 99% des espèces ont disparu et que nous sommes plus de 7 milliards d'êtres humains en ce moment sur terre.

  - La reproduction qui permet la continuité d'une espèce avant sa disparition et le changement évolutif.

Ainsi, tant que je m'identifie à un être humain, je freine mon évolution et cherche des solutions pour améliorer mon espèce, alors qu'il s'agit d'une transformation radicale en autre chose.

Pour m'y préparer, je cesse cette identification et j'appelle mes parents par leur prénom. Je mets fin aux fêtes de famille si elles ne me nourrissent plus et me ralentissent dans mon évolution. Je mets fin à cet attachement. Si je ressens du conflit, je ne prends pas la fuite en m'évadant de ma famille. Je continue à les voir mais je décide de couper l'attachement émotionnel jusqu'au jour où leurs opinions et avis ne me perturbent plus et où je sens que je peux être libéré de leurs jugements. Quand mon cœur est en paix, je peux quitter le troupeau familial.

Se défaire des autorités extérieures… pour enfin croire en soi !

Si mon désir de faire des enfants est très important, je décide d'en être garant, responsable et de prendre en charge leur éducation par l'école à la maison pour leur donner l'éducation de mon choix. Je peux joindre des associations de parents ayant choisi ce mode éducatif et qui organisent des journées de socialisation pour les parents et les enfants, j'assiste à des conférences, je m'instruis avec eux et pars voyager avec mes enfants en leur faisant découvrir le monde.

J'arrête de me dire que je n'ai pas le choix et pas d'argent, je peux voyager et m'installer dans des pays aux ressources financières limitées et très bien m'en sortir par mes ressources actuelles. Tout est une question de choix. Si le sacrifice me paraît trop grand, je mets fin au désir égotique de vouloir faire des enfants pour confier leur éducation à l'État qui par la suite leur apprendra à devenir de bons moutons soumis, obéissants, à l'esprit formaté. Je prends conscience que le système scolaire actuel est une usine à conditionnement qui limite la créativité et le développement de l'individu pour l'uniformiser.

Apprendre à aimer vraiment :

J'apprends à aimer. A cultiver l'amour. A ouvrir mon cœur. C'est ma nature, c'est mon état naturel.

Je suis désolé de vous le dire, mais si vous voulez changer votre conjoint, et bien vous ne l'aimez pas! Pourquoi persister alors qu'il existe certainement quelqu'un sur cette planète qui pourrait vous correspondre? Remerciez-le pour ce qu'il vous a apporté et laissez-le partir. Ce conseil est aussi valable dans l'autre sens. Si la personne que vous aimez ne vous accepte pas tel que vous êtes, si elle veut vous contrôler, alors allez-vous-en. C'est aussi ça vous aimer, et vous respecter.

Aimez-vous, sans condition. Si vous avez fait des erreurs dans votre vie, que vous les regrettez, tirez en des leçons. Vous ne saviez pas ce que vous savez aujourd'hui, et ne recommencez plus.

Aimez-vous! Cela ne veut pas dire que vous devez devenir égocentrique et développer votre ego à croire que vous êtes le nombril du monde! Cela veut dire que vous acceptez d'être qui vous êtes, et que vous êtes reconnaissant envers votre être profond. Cela veut dire que vous refusez de vous maltraiter par vos incessantes remarques désobligeantes à propos de vous (je suis nul, je n'y arriverai pas, je savais bien que je n'en étais pas capable, etc..), et que vous êtes prêt à vous considérer avec autant de respect que vous le feriez pour la personne que vous aimez le plus au monde. Par le même amour que vous pourriez donner à la vie, ou à vos animaux préférés.

Lorsque vous aurez ouvert suffisamment votre cœur, vous constaterez qu'il n'y a pas d'autres alternatives que l'amour. La vie nous offre de l'amour constamment. Que ce soit lorsque vous vous promenez et que votre regard se délecte des couleurs, que vous respirez le parfum et les senteurs de la nourriture, que vous savourez le goût des aliments, que vous vous accordez un moment de détente musculaire après un effort, quand vous riez ou partagez de la complicité avec un être vivant... Tout est amour autour de nous. Nous sommes juste inattentifs. Nous préférons trop souvent fixer notre attention sur ce qui ne va pas, et cette attitude nous coupe totalement des cadeaux de la vie.

Je connais une petite histoire illustrative à ce propos.

Un vieux sage cultivait des fleurs dans son jardin. Il en examinait les vertus et disait qu'il trouvait en elles toute sa sagesse. Un jour, son apprenti lui demanda s'il pouvait en avoir une. Le vieux sage arriva donc le lendemain avec une très belle rose. Quand l'apprenti l'a pris dans ses mains, il remarqua qu'il risquait de se piquer avec une épine. Il regarda alors le sage et lui fit constater. Le vieux sage reprit la rose, il cassa le morceau d'épine, le donna à son apprenti et garda la rose pour lui. L'apprenti lui demanda pourquoi il ne pouvait pas récupérer la fleur. Et le sage lui dit:
"Quand je suis venu t'apporter la rose, tu as vu l'épine alors que moi je voyais la beauté. Il est donc légitime que nous ayons chacun ce par quoi nous étions attirés".

Cette petite histoire nous montre à quel point nous sommes créateurs. Nous sommes des artistes de l'esprit. Et nous possédons un pouvoir immense. Ce pouvoir c'est notre liberté. Nous avons la liberté d'observer et de contempler le pire ou le meilleur dans nos vies.

Lorsque vous vous serez habitué à recevoir le meilleur, vous vous apercevrez que la vie est amour, et qu'elle est merveilleuse. Vous n'irez plus vers un partenaire amoureux parce que vous êtes vide à l'intérieur et que **vous avez besoin** qu'il vous apporte ce qui vous manque. Il en serait tout simplement incapable. C'est à vous qu'incombe ce pouvoir. Alors aimez-vous. Et quand vous aurez tellement d'amour en vous, cela débordera, et vous n'aurez plus qu'une seule envie, c'est de partager cet amour, d'en faire profiter d'autres.

Si vous donnez de l'amour, vous recevrez de l'amour. Si vous donnez de l'amour parce qu'en réalité vous êtes vide, que l'amour vous manque, vous recevrez un amour vide.

Dans une relation, il est important de s'aimer soi-même, et de faire déborder ce bonheur sur l'autre. Cela ne veut pas dire que vous ne pouvez pas recevoir son amour. Cela veut dire simplement que vous n'en êtes plus dépendant, et que vous respecterez sa liberté tout autant que la vôtre.

Dites-lui combien vous l'aimez. Dites-lui les qualités que vous lui trouvez. Pensez à lui faire de petites surprises, à lui accorder votre attention, à être honnête et observer ce qu'il attend dans la vie. Encouragez-le. Soyez bon! Soyez bon avec votre partenaire comme vous savez l'être avec vous-même.

L'amour Agapé est inconditionnel.

Examinez vos relations. Bien souvent, je me suis rendu compte que je parlais et que je faisais mon malin à travers mes différentes connaissances. Je me suis aussi souvent rendu compte que j'expérimentais un ego déguisé en compassion.

J'ai eu à plusieurs reprises des personnes de mon entourage suscitant une grande admiration pour mon travail. Je me nourrissais de cette admiration, et lorsque ces personnes se retrouvaient face à un problème, je faisais tout pour les aider à en sortir. Je m'investissais à un degré personnel des plus élevé. Je recevais de la gratitude, et j'en étais heureux, j'étais fier de ce que je pouvais leur apporter. Puis un jour venait où ces personnes n'avaient plus besoin de moi, elles continuaient leur route, ou encore pire, elles trouvaient une nouvelle personne qui pouvait leur apporter bien plus que ce que j'avais fait. Je ressentais à ce moment-là une grande ingratitude et une profonde tristesse.

Je me disais que la vie était injuste, après tout ce que j'avais fait! Je ne réalisais pas qu'en réalité, ça n'avait pas vraiment été de la compassion, mais de l'ego. Je m'étais fourvoyé à "m' auto contempler" à chaque fois que je leur rendais un service, je m'admirais moi-même à travers leurs regards. C'était une grande erreur parce que non seulement je me montrais indispensable, mais en plus, je ressentais une grande tristesse et une grande déception lorsque ces personnes se détournaient de moi. La vérité tombait. J'avais agi avec plus d'ego que d'amour.

L'ego est ce qui vous fait croire que vous êtes plus important qu'une autre personne. L'ego n'est pas de l'amour car il attend cette reconnaissance. L'ego vous invite et vous soumet à perdre votre pouvoir personnel parce que ce que les autres penseront de vous sera très important. L'ego vous montre que l'amour que les autres vous portent est important parce que vous n'avez pas assez d'amour pour vous.

Lorsque nous sommes dans l'amour inconditionnel, cela ne nous demande absolument aucun effort. Il n'y a pas de concessions puisque nous possédons un puits et une réserve intense, nous n'avons pas besoin de recevoir de gratitude ou d'admiration. Nous savons déjà que nous sommes merveilleux. Nous avons une profonde conscience de notre valeur. Et si les gens ne sont pas satisfaits, ils trouvent leur chemin ailleurs! Nous avons tant d'amour que cela n'a aucune importance.

Nous saurons que nous aurons cultivé assez d'amour pour nous- mêmes lorsque nous nous rendrons compte que plus rien ne peut nous blesser.
C’est sûr, c’est encore loin d’être le cas. Et bien aimons-nous quand même !

L'amour et la compassion traitent les autres avec respect. Vous savez reconnaître en l'autre ses capacités. Vous n'avez pas besoin de le sauver et de dépenser toute votre énergie à cela. L'amour sait reconnaître qu'il est capable d'autant de ressources que vous. L'amour souhaite l'encourager à trouver ses réponses dans la difficulté, ses propres solutions.

Se défaire des autorités extérieures... pour enfin croire en soi !

Lorsque vous croyez que vous aimez l'autre alors que c'est votre ego qui est en action, vous ne respectez pas la personne parce que vous jugez qu'elle ne sera pas capable de se débrouiller toute seule. Vous ne l'aimez pas parce que vous vous positionnez en supérieur. Vous aiderez temporairement dans ces conditions, mais un jour viendra où la personne retombera à nouveau, se relèvera avec ses réponses et ses propres actions et aura pour vous du ressentiment.

Pratiquez l'amour inconditionnel avec vous-même pour commencer. N'écoutez plus cette voix qui vous juge, qui vous dit que vous n'êtes pas assez ceci, ou pas assez cela. Si vous vous trompez, ce n'est pas grave. Recommencez! C'est par la pratique que l'on apprend! Un jour vous parviendrez à obtenir ce que vous voulez.

Pratiquez l'amour inconditionnel avec les autres. Si l'on vous juge, que l'on veut vous blesser, alors que vous ressentez de l’amour, n'en soyez pas affligé. Ayez confiance en leur capacité à trouver leur chemin. Si ces personnes vous critiquent et se plaignent de vos actes injustement, si ce qu’elles perçoivent de vous est un mensonge, c'est qu'elles n'ont pas encore réussi à cultiver l'amour. C'est leurs propres souffrances qui s'expriment. Pourquoi cela vous atteindrait-il?

EXERCICE :

- Je cite trois raisons pour lesquelles j'aime mon conjoint.
- Quel est son plus grand rêve?
- Qu'a été sa plus grande déception?
- Qui sont ses meilleurs amis et pourquoi?
- Quelles sont ses peurs?
- Quelles sont ses attentes dans une relation. Pourquoi?
- Quelle est sa plus grande réussite?
- Quels ont été les plus beaux moments de sa vie?
- Quels sont les obstacles qui l'empêchent d'obtenir ce qu'il veut?
- Quelles sont les parties de son corps qu'il aime le moins? Le plus?
- Ces questions, portées essentiellement sur mon conjoint me permettent de savoir et de faire la clarté non pas sur l'image de ce qu'il peut m'apporter, mais sur une connaissance de ce qu'il est. Je constate ainsi si mon amour se porte sur un fantasme ou sur une personne réelle.

Se défaire des autorités extérieures… pour enfin croire en soi !

- Je m'analyse et prend conscience du personnage égotique de survie pour lequel je me prends (géniteur, pourvoyeur, protecteur, séductrice, génitrice, organisatrice ?).

- Si je suis en relation, je prends mon courage à deux mains et je communique mes besoins. Nous observons mutuellement quelles sont nos attentes et nous parlons avec franchise et vérité.

- Si je vis seul et n'ai pas de partenariat affectif, je profite de ce non attachement et de cette liberté pour voyager, réaliser un projet personnel, me former, et j'investis mon temps et mon argent sur moi.

Synthèse :

- Le véritable couple est à l'intérieur de moi (mon corps frère avec mon âme sœur). Mon couple extérieur est le reflet de ce qui se passe en moi.

- Le concept de couple, sexualité, famille repose sur la survie animale. Si je veux évoluer en conscience de qui je suis, je me libère de ces attachements.

- L'ego utilise différents personnages pour satisfaire ses besoins.

- Il existe trois formes d'amour : Eros, Philia et Agapé. Eros est l'amour qui prend. Philia est l'amour qui partage, Agapé est l'amour qui donne.

- La reproduction est utile à l'âme pour son évolution de conscience. Dès lors que je prends conscience de qui je suis, créateur illimité, je n'ai plus besoin de sexualité qui est l'instinct de survie par peur de la fin de l'espèce, je m'en détache progressivement.

- Si j'ai des enfants, je prends en charge leur éducation complètement sans confier ce rôle à des autorités extérieures.

Se défaire des autorités extérieures… pour enfin croire en soi !

Mon témoignage :

Complètement formaté par la religion et les médias culturels (Walt Disney notamment), je passe la première partie de ma vie à rechercher l'âme sœur à travers une autre personne que moi. Je rentre dans des relations, où mon seul plaisir est de me sacrifier pour satisfaire les besoins de l'autre et je ne comprends pas lorsque lui ne répond pas aux miens.

Étant homosexuel, je fréquente les milieux de rencontres et constate que les hommes ont une sexualité beaucoup plus abondante que les femmes. Ils sont consommateurs de pornographie, on trouve souvent des backrooms (pièces sombres pour avoir des relations sexuelles avec des inconnus) dans les boîtes de nuit gays masculines, des saunas débridés, des sex-clubs, ça s'emmanche sous les ponts ou dans des lieux de drague, où les pulsions peuvent être assouvies vite fait, bien fait. Les lesbiennes ont des comportements différents mais j'y constate la notion de territoire prédominant.

Je me retrouve frustré, car ma conception du couple est calquée sur une image de romantisme et je vis pendant longtemps un écœurement sur le fonctionnement gay dans un milieu qui ne me convient pas. Je suis désenchanté et me rends vite compte que là où l'on dit trouver des personnes plus sensibles, j'y rencontre inversement un milieu ultra intolérant, souvent sexiste et misogyne, où les couturiers, les médias et la mode imposent leur dictature (ils appellent cela « la culture gay »…), l'apparence extérieure est prédominante sur la beauté intérieure de l'individu, les jugements sont exacerbés, acides et les coups bas habituels. J'y rencontre des personnes brisées par la vie, en survie totale, dont les egos et les armures sont impitoyables. Le rejet que beaucoup ont vécu a fait des dégâts considérables par rapport à moi qui m'en suis plutôt bien sorti, surtout grâce à un travail de conscience. Beaucoup s'évadent par la drogue ou la pluri sexualité. Les relations ne tiennent pas, l'instabilité règne ainsi que la satisfaction immédiate des désirs égotiques.

Tous étant à la recherche d'un idéal qui n'existe pas, les mensonges, les séparations, la trahison sont fréquents ainsi que le désespoir et la dépression.

Il me faudra longtemps avant de rencontrer Ryan qui partage une conception de la vie en couple répondant à mes besoins.

Pendant huit ans, Ryan ne comprend pas mon travail et ce que j'appelle l'évolution spirituelle. Son chemin à lui se construit sur les questions en relation à l'écologie et au respect de l'environnement. Nous nous respectons mutuellement et chacun vit sa vie à sa manière, je peux continuer mon chemin à ma façon tout en vivant avec lui. Nous vivons ensemble mais expérimentons l'autonomie complète dans la relation et constatons que les compromis ne fonctionnent pas, car ils engendrent des dettes et des frustrations. Comme il devient végétarien (je le rejoindrai plus tard dans son initiative), nos comptes sont séparés, nous avons chacun notre placard alimentaire, nous cuisinons différemment, ne mangeons pas aux mêmes heures et avons un rythme de vie et des fréquentations très différentes. Nous ne nous forçons pas à fréquenter les amis de l'un et l'autre. Nous sommes conscients d'avoir choisi notre relation mais pas forcément tout l'entourage qui va avec !

Avec les années, je m'intéresse progressivement aux idées de Ryan sur l'écologie, le végétarisme et son évolution, tandis que lui s'ouvre aussi aux miennes. Nous y trouvons des aspects communs et c'est après huit ans de vie commune que nos approches intellectuelles trouvent une complète résonance entre nous. Nos fréquentations changent aussi progressivement et nous trouvons des points communs à nos nouveaux amis.

Avec le recul, je constate que nous avons eu besoin, pendant de nombreuses années, de nous construire une individualité suffisamment forte pour obtenir la capacité de nous ouvrir avec plus de sincérité l'un à l'autre. Le respect que nous nous portons, ainsi qu'un fonctionnement gagnant/gagnant répondant à nos besoins respectifs, offre une vie commune agréable. La communication ouverte et radicale nous permet de grandir, non sans turbulences, mais de réaliser chacun un levier évolutif formidable.

A l'heure où j'écris ces lignes, Ryan travaille avec moi dans mes activités, car nous sommes tous les deux très impliqués dans l'évolution de la conscience.

Bien que l'État vienne récemment d'accepter le mariage homo, cela nous semble complètement aberrant de faire rentrer une autorité extérieure qui déciderait, en cas de séparation, qui a tort et qui a raison dans la relation. Nous n'avons besoin ni de reconnaissance, ni de statut, ni de loi. Nous savons que tant que nous grandissons ensemble, la relation peut continuer mais ne projetons pas d'engagement jusqu'à la mort, immortalité oblige !

Quand à mes besoins animaux (la sexualité, l'affection et la reconnaissance), j'ai conscience qu'ils sont encore très prononcés en moi. Je me rends également compte que je passe une grande partie de mon temps à courir après les deux derniers (dans mon travail et ma vie artistique par exemple), et qu'ils sont encore plus fondamentaux pour moi que la sexualité. Mon âme, dans sa justesse, me permet de vivre une relation affective qui vient tous les combler, car il m'est encore difficile de m'en détacher aujourd'hui. J'obtiens une énergie extérieure (vampirisme énergétique collatéral) considérable pour mener à bien différents projets. Les relations me sécurisent et m'apportent un grand confort. Mais quand les moments de tempête arrivent, ma stabilité intérieure peut vite s'effondrer, ainsi que ma libido!

Je sais que le chemin de la souveraineté affective n'est donc pas encore complété et je sais que mon âme me

---

crée en tout instant ce qui est juste pour moi dans mon évolution. Je suis très admiratif des personnes seules et je comprends leurs difficultés. C'est si dur de savoir être une source d'amour pour soi et, encore plus difficile, après avoir tant vécu le rejet ! J'espère garder foi en cas d'épreuve. Ma gratitude est grande aujourd'hui de pouvoir vivre un baume de douceur après avoir rencontré l'exclusion pendant l'enfance et l'adolescence.

h) **L’ego et la santé**

Je suis immortel et en parfaite santé. Mais mon corps vieillit, tombe malade et meurt. C’est le résultat de la séparation entre mon âme et mon corps.

Mon corps physique, vital et mental est sous la gouvernance de l’ego de survie. Ces multiples personnages qui mènent ma vie sous l’emprise de la sécurité mortifère. Mon ego de survie m’empêche de VIVRE réellement, je suis séparé de moi-même et plus le temps passe, plus je m’affaiblis.

Pourtant, je peux être un vieillard et avoir un état de conscience beaucoup plus élevé qu’un enfant de cinq ans ! Le problème est que toutes les cellules de mon corps ont installé le programme égotique de survie et que c’est une course contre la montre. Pendant que je fais passer certaines parties de moi-même sous la gouvernance immortelle de mon âme, les autres parties continuent de vieillir !

C’est une déprogrammation complète que je dois faire !

Au lieu de m’occuper de mon âme, j’ai mis en place, à mon image et à ma ressemblance, un système de santé qui ne s’occupe que de la maladie, comme un ennemi à combattre.

Dans son livre « La Mafia Médicale », Ghislaine Lanctôt expose l’historique de la médecine occidentale. Auparavant, c’étaient les femmes qui s’occupaient de la santé (d’où le terme « sage-femme »). Elles utilisaient des

---

techniques et des soins variant d'une région à l'autre, utilisant la phytothérapie, spiritualité, médecine énergétique, etc...

Au XIIIe siècle, les premières écoles de médecine virent le jour et interdirent leur accès aux femmes. A ce moment-là débutait également l'inquisition, de 1257 à 1816. Neuf millions de femmes furent jugées, torturées et brûlées selon les règles du ***Malleus Maleficarum***.

En 1910, aux Etats-Unis et au Canada, l'élite passa à la deuxième étape de son planning médical avec la parution du ***Flexner Report*** commandé par l'American Medical Association et subventionné par les banquiers Rockfeller et Carnegie. A cette époque, il y avait encore deux fois plus de pratiques de médecine douce - s'intéressant à d'autres corps que le corps physique - que de médecine dure. Le Flexnex Report imposa à la pratique médicale des principes purement scientifiques et élimina 650 écoles médicales en place.

En 1978, la Déclaration **d'Alma-Ata** déposséda tous les pays membres de l'ONU de leurs choix médicaux et transféra ce pouvoir à l'OMS (un gouvernement mondial de la santé non élu). En 1997, la politique de la santé de tous les pays du monde était tombée sous son emprise.

Quand je suis malade, je vais voir « un médecin » qui a été choisi et diplômé grâce à son esprit pragmatique et à ces facultés de raisonnement liée au cerveau gauche (contrairement à la médecine douce qui fait appel à des qualités plus intuitives et au cerveau droit).

Le médecin d'aujourd'hui est un dealer au service des laboratoires pharmaceutiques. A chaque symptôme, une maladie. A chaque maladie, une prescription.

Par exemple, des psychiatres inventent purement et simplement des maladies mentales à main levée pour la rédaction du DSM (abréviation de l'anglais : *Diagnostic and Statistical Manual of Mental Disorders*), publié par la Société américaine de psychiatrie (APA), il est un ouvrage de référence qui classifie et catégorise des critères diagnostiques et des recherches statistiques de troubles mentaux. Ce manuel est passé, du DSMI au DSMV (avril 2013), de 60 à plus de 400 maladies mentales. La psychiatrie n'a pourtant rien de scientifique, car aucun des troubles ne peut se mesurer ou se lire par des tests et des analyses en laboratoire.

On découvre sur wikipédia les informations suivantes concernant le DSM (http://fr.wikipedia.org/wiki/Manuel_diagnostique_et_statistique_des_troubles_mentaux) : *« Une expertise publiée au mois d'avril 2006 dénonce des* conflits d'intérêts *de certains experts du comité du DSM qui ont eu ou ont des liens financiers avec l'*industrie pharmaceutique.

L'expertise a identifié plusieurs catégories d'« intérêts financiers » : avoir perçu des honoraires ou détenir des actions dans une compagnie pharmaceutique, être directeur d'une startup*, membres du comité scientifique ou* *du conseil d'administration d'une entreprise pharmaceutique, être expert pour un litige mettant en cause une compagnie pharmaceutique, détenir un* brevet *ou un* droit d'auteur, *avoir reçu des cadeaux d'une compagnie pharmaceutique incluant des voyages, des subventions, des contrats et du matériel de recherche.*

Les résultats montrent que parmi les 170 membres des panels du DSM, 95 (56 %) présentaient au moins un des 11 types de liens financiers possibles avec une compagnie de l'industrie pharmaceutique. Dans 6 commissions sur 18, des liens avec l'industrie pharmaceutique ont été trouvés chez plus de 80 % des membres. Ces liens concernent 100 % des membres du groupe de travail « Troubles de l'humeur » (n = 8) et du groupe « Schizophrénie et désordres psychotiques » (n = 7), ainsi que 81 % du groupe « Troubles anxieux » (n = 16), 83 % du groupe « Troubles de l'alimentation » (n = 6), 88 % du groupe « Troubles kinesthésiques liés à la prise de médicaments » (n = 8) et 83 % du groupe « Troubles dysphoriques prémenstruels » (n = 6). Parmi les membres répondant aux critères « liens financiers » (n = 95), 76 % avaient bénéficié de subventions de recherche, 40 % de revenus comme consultants, 29 % travaillaient dans la communication et 25 % recevaient des honoraires d'un autre type. Plus de la moitié des membres ayant un lien financier présentaient plus d'un type de relations financières l'engageant auprès d'une compagnie. 11 membres avaient 5 types de liens.

Étant donné que les catégories de maladies mentales désignées par « Troubles de l'humeur » et « Schizophrénie et autres troubles psychotiques » sont les deux principales catégories pour lesquelles un traitement psychotrope est habituellement proposé, le lien entre le recours au DSM et la consommation des produits des firmes pharmaceutiques est une évidence. Les compagnies pharmaceutiques ont un intérêt direct sur la détermination des troubles mentaux intégrés dans le DSM. »

La médecine officielle est une médecine de maladie et non une médecine de santé. En effet, si je vais voir le docteur, c'est parce que je suis malade. Pourtant, en Chine, j'allais voir le docteur pour rester en bonne santé et celui- ci n'était plus payé si je tombais malade.

Si aujourd'hui je suis en bonne santé et que je vais voir le docteur pour le rester, il ne me comprendra pas et risquera de me diagnostiquer un trouble mental !

Toute l'information sur la médecine officielle est controversée, on peut trouver à travers différents documents et revues scientifiques dissidentes, les informations suivantes :

- Les vaccins : Cela consiste à donner une maladie à une personne saine. Les vaccins sont fabriqués à partir de microbes, d'un bouillon de culture purulent et d'adjuvants très toxiques. Leurs innombrables effets néfastes furent prouvés dès 1881 par La Ligue Universelle des Anti-vaccinateurs de France. Depuis, des milliers de scientifiques, médecins, parents, infirmiers ont dénoncé leurs dangers et refusé de collaborer. Des ligues anti-vaccins ont publié des statistiques et des informations sur leur nocivité et leur inefficacité. La journaliste et écrivain Sylvie Simon a passé une bonne partie de sa vie à exercer des recherches sur le sujet. De nombreux livres en parlent.

- Le cancer : Alors que certains médecins comme Hamer (médecine interdite et dénoncée dangereuse par la Mivilude, organisme de lutte anti- sectes en France) ont démontré que le cancer est toujours un programme d'urgence qui aide le corps à survivre, la médecine continue l'amputation, l'irradiation, l'empoisonnement, alors que de nombreuses découvertes efficaces et sans danger existent et ont été systématiquement interdites (714X de Gaston Naessens, machine à rayonnement d'Antoine Priore, etc...).

- Le sida : SIDA signifie « Syndrome d'Immunodéficience Acquise ». Officiellement, une personne devient séropositive quand le test de sérum sanguin (test Elisa puis Western Blot) décèle la présence d'anticorps au VIH. Pourtant, ce virus n'a jamais été isolé en microscoïe electronioque (comme l'indique le déclare le Dr Etienne De Harven) et le test peut répondre positif à plus de 200 causes (www.sidasante.com/themes/tests/scifalse.htm). On peut lire également sur le site en question : *« Si l'isolation du virus n'a jamais été faite, toute la théorie du VIH/SIDA s'effondre. Et la première chose à tomber, ce sont les tests détectant, soi-disant, des anticorps à un virus qui n'existe pas. Ils sont, bien évidemment, complètement bidons. Mais s'ils ne mesurent pas la présence d'anticorps au virus, que mesurent-ils ? Les dissidents pensent que ces tests mesurent des protéines de stress biologique présentes chez tout le monde à des degrés divers. C'est pour cela que tout le monde est positif en réalité. Mais, tout le monde ne réagit pas positif, car les tests ne sont pas des tests du tout ou rien mais des tests avec seuil. Si quelqu'un présente des niveaux de particules de stress inférieurs à un certain seuil, il ne sera pas considéré comme positif, alors que les particules sont présentes. De plus, ces tests sont dilués. Et pas un peu mais énormément par rapport à d'autres tests d'anticorps : 400 fois pour l'Elisa et 50 fois pour le Western Blot. Du coup, seul le test de ceux qui auront un taux de particules de stress assez élevé réagiront positivement. Parmi ceux-ci : consommateurs de drogues, de certains médicaments, transfusés, vaccinés récemment, personnes souffrant d'autres maladies (comme la tuberculose, un rhume) ou sortant d'une maladie, femmes enceintes et personnes pratiquant le sexe anal inversif (celui qui reçoit). Ça ne veut pas dire que toutes ces personnes vont forcément réagir positif mais que leur situation entraînera plus de risques que le test réagisse positif. Toutefois,*

> *même s'il y avait un virus (mais il n'y en a pas), les tests seraient tout de même bidons. Parce que les antigènes qu'ils détectent ne sont pas spécifiques. Des gens ou des animaux, qui ne sont pas en situation d'avoir été en contact avec le supposé VIH, réagissent positif à des antigènes supposés spécifiques du VIH. A noter qu'une fois déclaré positif, c'est fini. Je suis considéré comme séropositif à vie. A partir de ce moment-là, on ne refait pas de test Elisa ou Western Blot mais un test de charge virale. Or que mon test de charge virale soit positif ou nul, pour nos amis les médecins, ça ne change plus rien. Car si ma charge virale est indétectable, on déclare que le virus est toujours présent mais se cache dans les ganglions ! »*

Et ce ne sont là que quelques exemples de controverses sur la médecine officielle mais si je creuse un peu plus, je me rends compte que tout est basé sur des croyances et des théories (cholestérol, ostéoporose, ...).

Aujourd'hui, j'ai remplacé la religion par la médecine, je ne vais plus voir le prêtre mais je croirai mon docteur, je n'aurai plus peur des démons mais des microbes (« Médecine, religion et peur : l'influence cachée des croyances », Olivier Clerc)!

Suis-je le mouton victime du loup, le microbe est-il mon ennemi ?

Pasteur et Béchamps, deux théories différentes :

Jerry Stassiaux explique sur son site : http://www.naturopathie-holistique.fr/pasteur-ou-bechamp-15-109.html

*« **La théorie de Louis Pasteur (1822/1895),** Docteur en Sciences - Agrégé de Physique et de Chimie.*
Il était un génie en relations publiques et marketing publicitaire.
Il sauva la France de la honte de la défaite militaire contre les allemands par la dimension qu'il a su donner à ses prétendues découvertes scientifiques autour des vaccinations.
Le "Saint" et le "Gourou" de la République Française !

BASE THEORIQUE DE TRAVAIL

L'unité de base de toute vie organique serait la cellule (Virchow, Pasteur). Les granulations microscopiques sont niées, elles ne seraient que des artefacts.

La cellule serait ASEPTIQUE. Il n'y aurait pas de germes dans l'intimité des organismes vivants complexes, à l'état normal ? (mensonge flagrant, il suffit d'observer un tissu vivant au microscope pour observer des microbes dans le sang par exemple).

Les "biologistes" modernes étudient la vie en observant le "mort"...

Se défaire des autorités extérieures... pour enfin croire en soi !

Les tissus sont préalablement:

- *fixés (= tués) par un bain de formol et d'acide*
- *déshydratés totalement (l'eau - c'est à dire 65 à 95 % de la matière vivante est remplacée par de l'alcool)*
- *dégraissés (toluène ou trichloréthylène)*
- *inclus dans la paraffine, du plastique ou congelés*
- *coupés en tranches ultra fines = dilacérés, fripés*
- *chauffés*
- *baignés à nouveau dans le toluène ou le trichloréthylène*
- *réhydratés artificiellement*
- *mordancés (bains dans de l'acide)*
- *colorés, etc...*

On attraperait les microbes avec les poussières de l'air qui véhiculeraient les microbes et autres micro-organismes responsables des maladies.

Toute maladie proviendrait d'un microbe spécifique venant de l'extérieur ou par extension d'un prétendu prion, d'une cellule cancéreuse, d'une mutinerie de l'armée défensive qu'est le système immunitaire. C'est une agression, dans une dialectique de guerre.
D'où l'intérêt des vaccins, des antibiotiques (anti-vie), des chimiothérapies, des armes atomiques (bombe au cobalt, radium).

Cette politique est à l'origine de nouvelles maladies plus graves encore:
- les maladies auto-immunes par dérèglement de ce système immunitaire (vaccins) et toutes les maladies liées à l'empoisonnement par des toxiques chimiques divers - antibiotiques, anti-inflammatoires (anti-réparation), aluminium des vaccins (vache folle), mercure des plombages, etc...

Un microbe serait immuable. Il ne pourrait changer, sauf par mutation accidentelle et en général pour devenir "résistant" ou plus agressif.
La "vie" serait immobile et immuable comme ces tissus tués, dilacérés et fixés par le formol !

C'est la théorie du MICROBISME

La théorie d'Antoine Béchamp (1816/1908) *Agrégé en Pharmacie - Licencié ès Sciences Physiques - Docteur ès Sciences Physiques - Docteur en Médecine - Professeur de Physique et Toxicologie de l'École Supérieure de Pharmacie à Strasbourg -Professeur de Chimie Médicale et de Pharmacie à la Faculté de Médecine de Montpellier - Doyen de la Faculté libre de Médecine et de Pharmacie de Lille - Professeur de Chimie Organique et de Chimie Biologique de Lille.*

Se défaire des autorités extérieures... pour enfin croire en soi !

BASE THEORIQUE DE TRAVAIL

L'unité de base de toute vie organique est la granulation microscopique (visible à un grossissement d'au moins 750), - bien connue à l'époque de Pasteur et de Béchamp - baptisée "microzyma" par Béchamp.
Elle est redécouverte actuellement sous le nom de NANOBACTERIE OU NANOBE !

- *- Le microzyma est capable de se reproduire*
- *- Il a son métabolisme propre*
- *- Il est capable de fermenter et transformer certaines substances*
- *- Il est capable de bâtir des tissus fibreux, membraneux...*
- *- Il est capable de construire des germes ou micelles (comme le bacille de Koch) pour effectuer certains travaux particuliers. Ces derniers sont en quelques sortes des "machines - outils" (tractopelles, bulldozers) !*
- *- Il est capable de bâtir les cellules afin de créer un milieu favorable aux échanges (nutrition - respiration - métabolisme) au sein des organismes vivants complexes et de permettre la cohésion de l'ensemble par la création de forces électromagnétiques puissantes (différences déconcentrations en électrolytes de chaque côté des membranes cellulaires).*

L'évolution du microzyma est fonction de la qualité du milieu dans lequel il se trouve:

- éléments nutritifs, oxygène
- constantes bio-électroniques (qualité de l'eau) : pH, rH2, résistivité.

Les maladies sont toujours des processus de sauvetage ou de réparation - et de vie.

Elles ne sont graves que lorsque le milieu est déficient: carences en vitamines C, en eau, en repos ou en nutriments, déséquilibre bio-électronique, etc...

"Rien n'est la proie de la mort, tout est la proie de la vie"

Un microbe, une cellule, un tissu peut toujours redevenir microzyma.
Ces microzymas pourront (selon les besoins et le milieu) bâtir d'autres germes, tissus ou cellules...

D'où le POLYMORPHISME bactérien, entre autres choses. »

Pour Antoine Béchamp, le "microbisme" est une doctrine fataliste monstrueuse qui suppose qu'à l'origine des choses, Dieu aurait créé les germes des microbes destinés à nous rendre malades!
Deux théories bien différentes ! L'ego collectif choisit de glorifier Pasteur (dont la vaccination et la pasteurisation allait rapporter gros) et de ranger Béchamp aux oubliettes !

Se défaire des autorités extérieures… pour enfin croire en soi !

Si je suis malade, c'est qu'il existe un désordre à l'intérieur de moi puisque je suis le créateur de ma maladie. Le désordre intervient quand je ne donne pas la priorité aux vibrations les plus élevées et que je vais de l'extérieur à l'intérieur, plutôt que de l'intérieur à l'extérieur.

Je dois remettre de l'ordre et donner priorité aux vibrations les plus élevées : vibration créatrice -> âme -> mental -> vital -> physique.

Comme mon corps physique est la vibration la plus lourde, quand l'ordre est rétabli, il est le dernier rétabli.

Je dois donc commencer par ordonner mon corps mental et mes croyances, aveuglement, déni, suppositions, jugements, contrôle, paranoïa, lecture de pensée, brouhaha. Pour arrêter cela, je lui impose le silence et me sers de son utilité quand j'ai besoin de m'organiser et de classifier mes actions.

Quand mon mental est plus apaisé, je mets de l'ordre dans mon corps vital : passions, ambitions, désirs, frustrations, expansion, contraction, colère, tristesse, peur. Je lui apporte le calme et une neutralité bienveillante.

Une fois mon corps vital calmé, j'interviens sur mon corps physique et je cesse la répétition de mes habitudes, nervosité, tremblements, et je lui apporte le calme et j'infuse à l'intérieur de lui la vibration de vie.

Je peux parler à mes cellules et leur demander d'obéir à mon âme.

Je prends conscience que mon corps mental, émotionnel et physique est infesté par des personnalités égotiques assurant ma survie. Elles tordent la vibration immortelle et toute-puissante de l'âme. Je dois donc me défaire de ces personnalités et m'en détacher.

Lorsque j'entreprends ce travail, **je traverse le rempart des peurs et fais face à ce qui me fait peur**. La personnalité égotique devient folle, car elle n'a plus accès à l'énergie que je lui donne habituellement. Frustrée, celle-ci coupe l'énergie à mon corps vital et me fait un chantage. Je peux tomber malade : fièvre, malaise, tremblements, diarrhée, nausée, et tomber temporairement dans la dépression.

Si je vais voir le docteur, il me diagnostiquera une maladie et me donnera de quoi lutter avec mon processus de transformation au lieu de l'accueillir.

Au lieu de cela, si les symptômes sont de courte durée, je garde confiance car je sais que je suis en période de transition. Je peux m'aider pour alléger mes souffrances à l'aide de thérapies naturelles (naturopathie, acupuncture, fleurs de Bach, jeûne, repos, etc…) et je parle à mes cellules pour les calmer.

Se défaire des autorités extérieures... pour enfin croire en soi !

Je peux me créer un mantra et le répéter pour infuser en moi la conscience créatrice :

« A mon âme » ; « Légèreté » ; « Tout est parfait » ; « Je garde confiance », etc... Je peux demander à mon âme de m'indiquer le mantra qui me conviendra le plus sur le moment.

J'utilise l'allopathie si la crise devient trop difficile et que mon corps physique ne suit pas l'évolution que je souhaite m'apporter.

Quand la crise est passée, le calme arrive enfin ainsi que la santé. Je viens de traverser le rempart des peurs et de guérir l'une de mes personnalités égotiques.

Ma santé va-t-elle s'améliorer ?

Oui et non.

Oui parce que la vibration créatrice infuse de plus en plus mes corps et que je grandis dans un état de confiance et de sérénité.

Non parce qu'une fois l'une de mes personnalités égotiques guérie, mon processus évolutif mettra en lumière un nouvel aspect que je dois dépasser dans ma vie et de nouveaux obstacles se présenteront sur mon chemin. Ceci peut sembler difficile et laborieux. Je dois garder patience, courage et discipline.

Exercice :

Lorsque je tombe malade,

- je m'interroge sur le désordre présent dans ma vie. A quoi ai-je donné la priorité ?

- je me demande quel est mon besoin non comblé ?

- et quelle personnalité égotique coupe mon énergie ?

J'ai le choix :

- 1- Combler ce besoin. Mon problème de santé disparaîtra, mais c'est l'ego et la peur qui dirigeront encore ma vie et le problème reviendra.

- 2- Faire face à ma peur et garder confiance en cessant de nourrir la personnalité égotique. Celle-ci va me couper l'énergie quelque temps, mais si je garde confiance, elle finira par mourir et disparaître.

Se défaire des autorités extérieures… pour enfin croire en soi !

Synthèse:

- La maladie vient toujours d'un désordre dans le corps, à moi de rétablir la priorité.

- La médecine officielle ne s'intéresse qu'à la partie visible de l'iceberg. Je peux masquer le problème en cas d'urgence, mais si celui-ci n'est pas réglé en profondeur, il reviendra.

- Lorsque j'ouvre les yeux et que je me renseigne, je constate que tout est en contradiction et que les experts en médecine ne sont pas tous du même avis, cela me permet de me détacher de mes croyances et de m'ouvrir à des avis différents.

- Pour rétablir l'ordre, je peux combler le besoin de la personnalité égotique ou décider de la faire disparaître.

- Si je décide de m'en séparer, je choisis de traverser ce chemin progressivement. En effet, certaines parties égotiques sont si fortes qu'elles peuvent me conduire à la mort si je rentre en guerre avec elles.

Mon témoignage

Après m'être longuement documenté sur la médecine officielle, j'en arrive à la conclusion qu'il est bien plus dangereux de lutter contre une maladie avec l'aide d'un docteur, plutôt que d'accueillir ce qui se passe en moi comme étant un cadeau.

Je prends, début 2012, la décision de ne jamais retourner voir un docteur, de laisser tomber les dépistages, les vaccins et les visites.

Je fais l'expérience que je n'ai pas besoin de vaccin pour être en bonne santé (je n'ai pas été vacciné depuis mon adolescence) et je remplace mes habitudes de médecine dure par des habitudes de médecine douce. Je découvre l'acupuncture depuis 2007 et je constate que les effets sont vérifiables sur mon état de santé, car celle-ci prend aussi en considération l'hygiène de vie.

Mais un jour, je prends la décision de laisser vraiment le feu vert à mon âme et de lui laisser la gouvernance complète sur mes corps. Je ne ressens donc plus l'utilité d'utiliser les médecines douces non plus, parce que la médecine reste de la médecine et elle est toujours issue de la peur.

Puis, après avoir laissé le feu vert à mon âme, celle-ci apporte une expérience évolutive. Je me coupe le pied et celui-ci s'infecte. Je décide de m'abandonner à mon âme et ne m'affole pas. Je passe plusieurs jours à ne pas regarder mon pied. Puis, après plusieurs jours, je le regarde un soir avant d'aller me coucher et je constate qu'il est devenu bleu, violet, enflammé, et que l'infection commence à remonter dans la jambe.

La peur devient à ce moment-là très forte. Je montre ce qu'il se passe à Ryan. La peur prend le dessus, je change d'avis sur ma décision et je vais voir en urgence un médecin de garde. Celui-ci ne comprend pas comment cela se fait que je ne suis pas venu le voir avant quand il voit l'état de mon pied ! Il m'indique que j'ai une infection par staphylocoque, que celle-ci est très prononcée et qu'il va me donner des antibiotiques. Il me dit que vu l'état de mon pied, je risque une septicémie et que si j'ai de la température, je dois vite aller à l'hôpital.

Le diagnostic établi, je passe une nuit très difficile où mon mental agité imagine les pires scénarios. Je prends conscience de la peur de la mort que je porte et que celle-ci est terrible. Je prends les antibiotiques et je suis les indications du médecin à la lettre.

Je ne me reconnais plus. Tous mes principes spirituels se sont effondrés en une soirée. La peur vient de prendre complètement le contrôle de moi et j'ai le sentiment que je vais peut-être mourir, car je suis devenu trop dogmatique.

En quelques jours, l'infection disparaît et je suis soulagé. Je reprends une vie normale, mais je vis un conflit intérieur. Je me sens coupable d'avoir trahi mon âme et d'être allé vendre celle-ci au dogme médical. Je suis perturbé et ne sais plus quoi penser.

Je pense « Je n'ai pas su traverser ma peur de la mort, je me suis vraiment comporté comme un mouton qui court sous la protection de son berger, je suis loin d'être conscient de qui je suis, la prochaine fois que cela m'arrive, je n'y retournerai pas ! ». Je ressens une grosse difficulté à reprendre ma décision de ne plus aller voir le docteur et de laisser à nouveau carte blanche à mon âme. Quelque chose en moi me dit que je me surestime.

A peine cinq semaines passent et voilà que je ressens une boule dure et douloureuse sous mon aisselle. La même peur que j'ai connue remonte immédiatement à la surface. « Ça y est, mon âme me met encore à l'épreuve et je suis en train de me créer un cancer ! » me dis-je !

J'attends trois jours ainsi, mais la boule grossit et devient de plus en plus douloureuse. La peur croissant de jour en jour, je décide de retourner voir un docteur.

Celui-ci me rassure et dit que c'est une infection qui s'est glissée sous la peau et que ce n'est pas grave. Mon système immunitaire est affaibli. Quel scénario mon mental vient de me créer ! J'explique au médecin que j'ai pris des antibiotiques pour une autre infection il y a quelques semaines. Je découvre que ceux-ci permettent de lutter contre les infections, mais que, paradoxalement, ils affaiblissent le système immunitaire.

Je lui explique que je ne veux pas reprendre d'antibiotiques. Il me propose une intervention rapide en ouvrant la partie infectée à l'aide d'un scalpel pour faire sortir le pus et désinfecter ensuite. Comme l'infection est sous-cutanée, je ne peux pas nettoyer si la plaie n'est pas ouverte. Je prends mon courage à deux mains et il procède rapidement à l'intervention extrêmement douloureuse. Nous nettoyons la plaie et je rentre chez moi. Cette fois ci, je m'interroge. Je sens que je fais fausse route. Deux infections de suite… Quel est le désordre dans ma vie ? Qu'est-ce que mon corps et mon âme veulent me dire ?

Je repense à ma décision radicale de ne plus me soigner si je tombais malade. Les deux fois, je n'ai pas pu tenir parole, la peur était bien trop grande. Je creuse en moi et mon sentiment est que cette décision vient d'être prise à partir de l'ego. L'ego se déguise aussi souvent avec des principes spirituels. Mon ego spirituel veut avancer vite et laisser la gouvernance de mon corps à mon âme le plus vite possible, sans me laisser le temps nécessaire dans mon évolution. C'est un peu comme si je veux cueillir une pomme qui n'est pas encore mûre et que je m'empoisonne avec !

Je constate que cette expérience me fait réaliser que :

- je n'ai pas conscience de ma peur de la mort avant d'être confronté à une situation dangereuse. Par ces expériences, mon âme me fait la lumière sur mon ego de survie extrêmement puissant chez moi. Ce n'est pas très flatteur, moi qui me croyais « avancé spirituellement » ! Grosse leçon d'humilité.

- cet ego de survie est très puissant. Il lutte avec un autre personnage se disant « spirituel » et c'est la guerre entre eux. Cet ego spirituel l'infecte !

Après m'être offert cette expérience évolutive et tenant compte de ce que je viens de vivre, je me recentre et j'interroge ma justesse. Quel est ma justesse?

Mes croyances envers la médecine officielle sont encore bien ancrées en moi. Impossible actuellement de changer mon comportement si mon état de conscience n'est pas suffisamment élevé. Je vais avancer trop vite et je vais me griller, mon corps ne suivra pas cette évolution.

Je prends la décision de m'accepter là où j'en suis, avec amour, tout simplement. Je sors de la culpabilité d'aller voir le docteur. Je me rends compte que pour avancer, l'intégration n'est pas suffisante au niveau du mental et de la croyance, elle doit aussi se faire dans mon corps.

Tant que mon corps et mes cellules croiront encore en la médecine, celle-ci aura une emprise sur moi. Inutile de m'infliger de ne pas aller voir le docteur si mes cellules le réclament dans leur programme de survie. Je ne suis pas prêt, c'est tout.

Depuis cette prise de conscience, j'évolue à mon rythme. Je prends soin de moi par la médecine douce et je sais, qu'en cas d'urgence, je ne refuserai pas un soin médical « dur » si ma peur est trop grande. Je m'aime et je ne m'infligerai pas une guerre sans merci à mon ego.

Pour contrebalancer cette programmation cellulaire, je m'ouvre les yeux et constate les faits suivants :

- j'ai une amie décédée du cancer suite aux chimiothérapies. La médecine n'est pas la solution idéale.

- un ami, s'étant fait diagnostiqué séropositif, est parti à l'étranger, a refusé les traitements et souhaitait se laisser mourir. Il est revenu en France dix ans après, car il n'était pas malade. Il a refait les tests et il n'a plus rien ! Erreur de diagnostic ! La théorie sur le sida perd grande crédibilité pour moi. Je ne crois pas aux tests de séropositivité et n'irai pas en faire, d'autant plus qu'aujourd'hui, il est désormais impossible de se faire dépister à nouveau une fois le diagnostic établit, même des années après !

- Mon grand-père a refusé la chimiothérapie pour un cancer du poumon. Il n'allait jamais voir les docteurs et il fut diagnostiqué uniquement en phase terminale, il décéda ensuite très rapidement. Ne rien faire n'est pas non plus la solution.

- Quand j'ai eu une infection, on m'a donné des antibiotiques qui ont affaibli mon système immunitaire et l'infection est donc revenue ailleurs plus tard...

Face à ces faits, je réalise mon impuissance face aux questions d'ordre médicale qui restent un mystère, que je fasse confiance en la médecine ou pas.

Si la mort était inévitable, ma question est la suivante : Voudrais-je mourir en accord avec mes principes, ou en désaccord avec ceux-ci ?

Bien sûr, c'est la première réponse qui vaut. Mais j'ai tellement vécu l'expérience d'être submergé par la peur que mes principes devenaient soudainement loin derrière. L'instinct de survie est extrêmement fort.

Je sais que je suis l'énergie créatrice de la vie, mais face à ces expériences, je prends conscience que la séparation entre moi et cette énergie est encore très grande. Le chemin de la foi et de l'abandon total est long et certains aspects sont actuellement prématurés pour moi et mon intégration de l'immortalité. Mon ego est encore tenace et très puissant, il me faudra du temps.

Oui, Rome ne s'est pas fait en un jour !

Comme pour la fable des trois petits cochons :

- le premier construit sa maison en paille, sur des idées. Quand le loup vient souffler, la maison s'envole immédiatement, elle est fragile.

- le deuxième construit sa maison en bois, sur des croyances. La maison est un peu plus solide, mais elle ne résiste pas longtemps quand le loup fait son apparition.

- le troisième construit sa maison avec des briques, c'est l'expérience. Le loup peut souffler tant qu'il veut, la maison est solide.

Quand j'ai pris la décision radicale de ne plus aller voir le docteur et de m'abandonner à mon âme, cette décision reposait sur la croyance que mon âme ne génère que la perfection. Mais je n'avais pas encore eu l'expérience, face à un désordre dans mon corps, de réaliser cet abandon complet. Ma maison était construite avec du bois, mais pas avec des briques.

A l'heure où j'écris ces lignes, je sais qu'avant de faire le grand saut dans ma vie et de m'abandonner quoiqu'il arrive à mon âme, en ayant conscience dans toutes mes cellules que quoiqu'il arrive, tout est parfait, je dois continuer à m'exercer à des niveaux moins audacieux et, progressivement, m'enrichir d'une expérience plus solide concernant la santé et la spiritualité. Le jour où mon expérience me démontrera que je n'ai plus besoin de faire appel à une autorité extérieure concernant ma santé, je pourrai progressivement laisser aller la médecine et faire confiance totalement à mon corps.

Comme pour compléter cet apprentissage, quelques mois plus tard, j'ai revécu une légère infection (au doigt cette fois-ci) et j'ai simplement nettoyé ma plaie et je me suis aidé d'huiles essentielles. L'expérience présentée était plus légère et j'ai pu garder confiance en mon système immunitaire. Le résultat fut très concluant en quelques jours à peine. Cela m'encourage à continuer à progresser à mon rythme, avec justesse, sans dogmatisme ni violence.

Merci à mon âme de m'avoir offert des expériences de vérité, me permettant de réaliser quel est mon état de conscience actuel!

Je décide quelques temps après de réaliser une expérience sur un sujet controversé, le jeûne. Je lis quelques avis et beaucoup de médecins allopathiques décrient cette méthode comme dangereuse alors que beaucoup de thérapies alternatives en proclament les bienfaits. Comme je ne connais pas la vérité, je prévois de faire quelques jours de jeûne, en me laissant guider par ma justesse intérieure. Je ne décide pas combien de temps celui-ci va durer, privilégiant ce que je vivrai dans mon présent et dans mon intuition.

Se défaire des autorités extérieures… pour enfin croire en soi !

1er jour, mercredi :

Je me lève en buvant un jus de citron coupé avec de l'eau chaude. A midi, je fais fondre des poireaux et un oignon. Je mange une pomme, l'après-midi je bois des jus de fruits, et le soir une petite soupe mixée avec des carottes et poireaux. Je décide donc cette première journée de ne pas arrêter totalement, mais juste de manger fruits et légumes pour ne pas brusquer mon corps. Cependant, les quantités ingérées sur la journée sont faibles. Je n'ai pas faim et je bois beaucoup. C'est une journée de préparation.

2ème jour, Jeudi:

Je bois à nouveau un jus de citron le matin, à midi je mange à peine un peu de poireau qu'il me reste, et le reste de la journée se fait avec des jus de fruits. J'ai très peu mangé, j'ai un peu mal à la tête, et j'ai faim.

3e jour, vendredi :
Je ne mange pas de la journée. Je suis content car mon corps supporte bien ce changement. Je n'ai pas de vertige et pas très faim. C'est surtout des images mentales de nourriture qui me viennent à l'esprit. Je les laisse passer. J'ai parfois des émotions d'agacement qui sont là et me sens peu enclin à communiquer. La nuit je fais beaucoup de rêves.

4e jour, Samedi :

Je ne mange pas du tout. Je bois beaucoup d'eau par contre. Là j'ai des images mentales toute la journée sur la nourriture. J'ai faim, et la nourriture semble être une obsession comme si j'attendais les moments du repas dans la journée alors que je sais que je ne mangerai rien ! Le matin j'ai une belle énergie, je fais des activités et vais à des rencontres professionnelles. A partir de l'après-midi, grosse migraine jusqu'au soir, j'ai une invitée à la maison, mais j'ai du mal à l'écouter pleinement. Je vais me coucher tôt. Journée difficile et désagréable. Je sais que mon corps élimine des toxines, tout est parfait. La nuit est très chargée en rêves.

5e jour, dimanche :
Je ne mange rien et bois juste de l'eau. Je sens une vitalité extraordinaire, je n'en reviens pas. Je n'ai pas faim. Je pars dans la nature et je fais une grande marche de trois heures. Forme excellente, esprit clarifié et très bonne humeur. Le soir, je sens mon cœur battre très vite et ma petite voix me dit que l'expérience doit se finir maintenant, je vais amorcer la reprise tranquillement.

6e jour : Lundi
Je démarre la journée avec une pomme, deux clémentines. Je suis calé et n'ai plus faim. Je mange à midi un poireau et une banane. Le soir je n'ai pas faim. Je bois juste un jus de fruit. Je me sens dans une énergie considérable, mes idées sont clarifiées, et je ressens un grand détachement. Je vais travailler avec plein d'ardeur, et j'anime un atelier avec une bonne humeur naturelle et surtout, avec beaucoup d'énergie rayonnante.

Se défaire des autorités extérieures… pour enfin croire en soi !

Mardi:

Je mange encore très peu, juste quelques fruits, et un avocat. Je rajoute des noix de cajou, et un peu de lait de soja. Je marche beaucoup dehors. Je me sens rempli de joie et de vitalité. Je sais que je reprendrai une alimentation plus consistante demain, mais ce qui est génial, c'est que je n'ai plus d'envie de sucre, graisse, chocolat ou ce qui me restait en tête cette semaine. J'ai aussi la sensation de retrouver corporellement une énergie et une joie que je n'avais pas ressenti depuis plusieurs années.

Très belle expérience, en douceur dans mon cas puisque il n'y aura eu que 3 journées de jeûne total sur une semaine, mais toute la semaine (préparation+ reprise) en valait la peine. Je me sens vraiment très bien et mon esprit et mes émotions sont beaucoup plus claires.

Chapitre 4 - Dépasser la peur

Une fois que j'ai bien compris que l'ego est le personnage qui m'a servi jusqu'ici à survivre, par inconscience de qui je suis (éternel et illimité), je constate qu'il m'emmène en réalité droit à la mort.

Mon ego n'est pas un ennemi que je dois juger et chercher à combattre, comme le prétendent les spiritualités vivant dans une dualité bien/mal.

En réalité, je dois faire le chemin suivant, tel que proposé dans la sagesse Toltèque :

a. **évoluer en conscience par la maîtrise de l'attention (ou de la conscience) :** Je dois comprendre quel est le fonctionnement de l'ego (personnel et collectif) et constater ce que je crée à partir de cet état de conscience. Là où les thérapies habituelles appellent les parties égotiques « des résistances », je dois apprendre à reconnaître et accueillir **l'intention positive protectrice de mon ego** et rentrer dans une **communication d'amour** et d'écoute avec lui pour qu'il **coopère par la suite**. Je suis amour pur et je possède cet espace en moi pour faire preuve d'accueil et de compréhension. Sans cette étape, je ferai face à un mur infranchissable et mon ego redoublera d'efforts pour survivre à mes attaques.

b. **Transformer l'ego par la maîtrise de la transformation :** Si je cherche à le détruire, c'est comme si je menais une guerre contre moi-même. Or l'ego veut ma protection, il cherche à me défendre, c'est une armure et mon gardien. Simplement, il n'est pas éduqué et il se trompe. Je dois non pas le détruire mais le transformer et le faire vibrer au niveau de l'âme. Je lui apporte la lumière et des solutions nouvelles. Je passe ainsi à l'action et j'expérimente la VIE plutôt que la SURVIE.

c. **Il existe une troisième maîtrise appelée « la maîtrise de l'amour (ou de l'intention) :** Dans cette maîtrise, je m'abandonne à l'énergie créatrice, et je la laisse diriger ma vie. Je ne vois plus que l'amour en toute chose et en chaque être.

Je peux reconnaître lorsqu'une personnalité égotique de survie est en action grâce à trois critères :

- la réaction émotionnelle et/ou le comportement sont disproportionnés. Là où je devrais avoir, par exemple, une réaction face à un stimulus extérieur entre 1 et 5, l'ego réagit entre 6 et 10.
- la prévisibilité : La réaction revient et elle devient prévisible et habituelle dans ma vie.

Se défaire des autorités extérieures… pour enfin croire en soi !

- l'impuissance : La réaction me submerge et je perds le contrôle de moi-même.

Si mon ego de survie sait que je le traque comme une proie, il va se cacher et m'avoir par surprise, car il se sait surveillé et il est attaché à la mission qu'il remplit pour moi.

Plus je m'exerce à communiquer intérieurement avec lui (ou extérieurement quand je fais face à l'ego d'autres personnes), moins il a peur, car il comprend, petit à petit, que mon but n'est pas de le détruire mais de le transformer avec bienveillance.

Je dois absolument réaliser que derrière chaque peur, derrière chaque besoin, existe une intention positive de survie.

Toute personne agit avec le meilleur comportement parmi ceux qui lui paraissent possibles et dont elle a l'expérience.

Prenons cet exemple :

Un jeune délinquant brûle des voitures et commet de grandes dégradations.

Son comportement répond aux trois critères de la personnalité égotique : réaction exagérée, prévisibilité et impuissance.

L'État, ego collectif, va lui faire la guerre (deux egos qui s'affrontent) et pour le faire changer, il le mettra dans une prison carcérale ou psychiatrique. Là, le délinquant développera encore plus de haine et de rejet et il recommencera son comportement dès sa sortie.

Mais si j'observe qu'elle est l'intention positive pour lui de brûler des voitures et que j'ai conscience qu'il s'agit là d'un acte d'amour (tordu par la survie), je peux ouvrir ma conscience et découvrir des raisons dans lesquelles je peux tout à fait moi aussi me reconnaître :

- besoin de reconnaissance. Cela lui permet d'affirmer sa supériorité et de se sentir reconnu,
- besoin d'alerter, par la destruction, son besoin de survie,
- besoin d'affirmer son autorité par la désobéissance,
- etc…

Les raisons peuvent être multiples ! Le blâme et la punition ne transformeront rien du tout, car une fois la punition donnée, le besoin est toujours là !

Et tant que l'ego n'aura pas été éduqué et qu'il n'aura pas vécu l'expérience qu'il pouvait tout à fait répondre à ses besoins d'une manière différente et tout aussi efficace, il recommencera, car dans le fond, il tient à répondre à la mission qu'il s'est donné pour sa survie.

Lorsque ce jeune délinquant aura expérimenté des alternatives différentes qui lui permettront de satisfaire ses besoins, son comportement cessera définitivement.

Je dois, avant tout travail de transformation, rendre visite aux personnages qui m'habitent. Les personnages égotiques n'ont pas tous le même âge. En effet, je peux avoir construit un personnage de survie à l'âge de sept ans, avec une expérience par laquelle j'avais à me défendre. Aujourd'hui, si j'ai par exemple 35 ans, le personnage créé dans cet espace-temps me tyrannise car en cherchant à me protéger, il réagit encore avec la conscience d'un enfant de sept ans.

J'ai donc besoin d'ouvrir à l'intérieur de moi un espace de rencontre et de dialogue intérieur, puis d'éducation. L'éducation doit aussi savoir se montrer ferme et imposer les limites. Comme chaque enfant a besoin de sentir une ferme autorité de ses parents pour se sentir en sécurité, je peux faire preuve de bienveillance, mais aussi de fermeté face à ce personnage égotique blessé.

J'écoute son besoin, je lui promets de trouver des solutions pour lui et ensuite, je pose les limites.

Je commence, avant de transformer l'ego, à lui imposer un STOP dès que je le vois venir. Ce STOP concernera les habitudes, mentales, émotionnelles, et physiques.

a) **STOP aux croyances du corps mental**

Mon corps mental, toujours extrêmement pessimiste me tyrannise. Je dois savoir observer les croyances que je porte et qui me limitent.

Qu'est-ce qu'une croyance ?

Les croyances sont des affirmations personnelles que nous pensons vraies.

Ce sont des interprétations à propos de ce que nous avons perçu de nous-même, des autres et du monde.

Il est important de faire la différence entre les faits (les événements réels et observables) et l'opinion que je me forge à propos de ces faits.

Une croyance est une opinion, elle n'est donc ni fausse ni vraie dans l'absolu. Elle est vraie pour moi à un moment donné. Le fait que plusieurs individus soient d'accord à propos d'une croyance n'indique pas forcément que celle-ci est vraie « la carte n'est pas le territoire ». D'ailleurs, la terre fut considérée comme plate de nombreuses années, étais ce vrai pour autant ? En Allemagne nazie, le peuple vota majoritairement pour Hitler, pensant détenir la meilleure solution pour leurs problèmes économique, avaient ils raison pour autant ?

Croyance et modèle du monde

Mon modèle du monde est constitué de l'ensemble de mes croyances. Les Toltèques appelaient ce système « le rêve personnel » et indiquait que chaque être humain est un rêveur.

Se défaire des autorités extérieures… pour enfin croire en soi !

Comme nous ne sommes pas des êtres pleinement éveillé et conscient que nous sommes divins, nous dormons, et nous créons une histoire de vie, un scénario, sans avoir conscience que nous justifions nos souffrances et nos comportements avec nos croyances. Ainsi, j'accepte ou refuse une nouvelle croyance après avoir testé (inconsciemment) sa compatibilité avec mon modèle du monde.

Une fois qu'une personne a adopté une croyance, elle a tendance à la généraliser et à la valider en filtrant ou en déformant ce qui ne concorde pas avec elle. La croyance sera ainsi perpétuellement considérée comme étant vraie, même face à des contre- exemples observables (c'est l'exception qui confirme la règle). La cohérence de notre modèle du monde est ainsi maintenue mais ce processus limite nos choix et notre liberté.

Plus la généralisation est large, plus elle est limitante :

- Ma sœur a fait quelque chose de stupide
- Ma sœur est stupide
- Les filles sont stupides

Il existe 3 grandes formes de croyances limitantes :

- *Plus d'espoir (inverse : c'est possible…)*
  - Par la faute de …
  - Trop tard…
  - Je suis incurable
  - Ça ne sert plus à rien

- *Plus capable (inverse : je peux le faire, j'en ai les moyens)*
    - Je n'y arriverai jamais
    - Je n'ai pas (ou plus) la force, le courage…
    - Les autres peut-être, mais pas moi

- *Ne mérite pas/plus (inverse : je le vaux bien, je le mérite, c'est bon pour moi)*
    - Je suis trop…
    - Personne ne m'aime…
    - Je ne suis pas digne de…
    - Je ne mérite pas car je suis…

Les croyances engendrent des règles sur ce qu'il convient de faire ou non en fonction du contexte dans lequel je me trouve.

Ex : « Il faut (toujours) écouter les conseils de mes parents ».
Ou
« je ne peux pas gagner de l'argent facilement ».

Les croyances constituent une base de données pour mes interprétations, mes décisions, mes émotions et mes comportements. Mes choix ne peuvent être compris qu'à la lumière des croyances qui les ont motivés.

Certaines croyances sont plus importantes que d'autres. Celles auxquelles je tiens le plus et qui exercent la plus forte influence sur moi sont celles qui donnent du sens à ma vie, à mon identité et mes valeurs.

Se défaire des autorités extérieures… pour enfin croire en soi !

Néanmoins, mon modèle du monde évolue et je révise mes croyances de temps en temps en réajustant le système afin qu'il reste cohérent.

Cette révision se fait de manière inconsciente (la plupart du temps, sauf travail personnel), et est indispensable pour me permettre de m'adapter en tant qu'être humain vivant en relation avec le monde qui m'entoure.

C'est lorsque mes croyances sont rigides et inadaptées que je rencontre des difficultés pour avancer, cela provoque de la souffrance et des résultats déplaisants.

D'où viennent les croyances ?

- Par adoption des croyances culturelles, familiales, sociales, c'est-à-dire par répétition.
  Ex : « attention de bien te couvrir en sortant dehors, tu risques d'attraper froid » !
- En réaction à une expérience forte émotionnellement (positive ou négative).
  Ex : je peux être tombé en ski et m'être cassé le bras. Je vais générer la croyance que le ski est un sport très dangereux.
- Suite à des expériences répétitives de petites intensités.
  Ex : je peux avoir vécu de manières répétitives des regards malveillants par des personnes d'origine étrangère à la mienne et avoir un système de croyance qui devient xénophobe en généralisant à toute une race par la suite.

Le changement de croyance peut se faire par des moyens variés, en une seule fois ou par répétition.
Ma croyance va toujours s'auto validée et je crée ma réalité à partir de mes croyances.

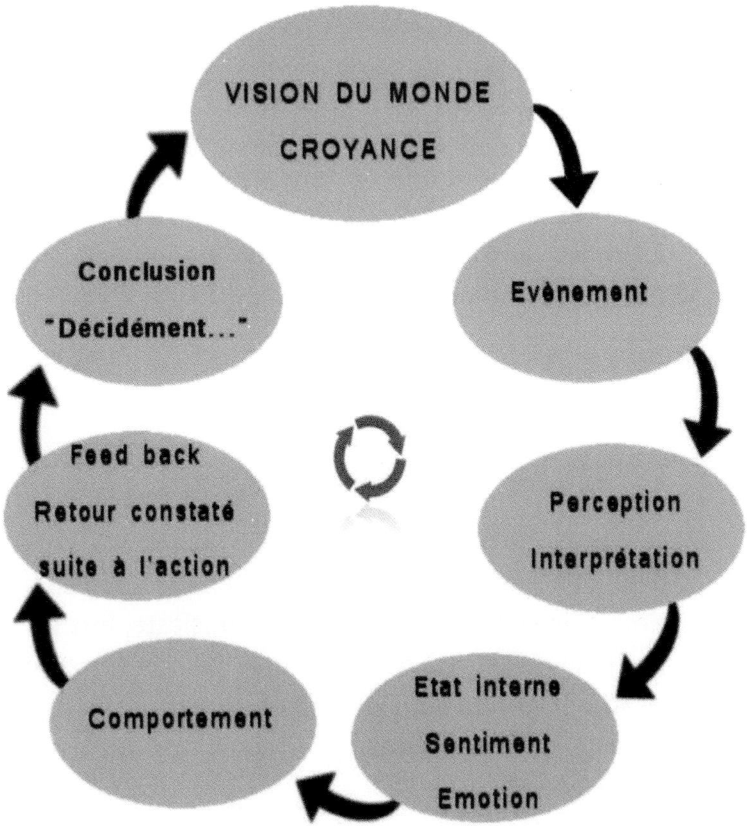

Se défaire des autorités extérieures… pour enfin croire en soi !

Par exemple :

Vision du monde, croyance : je pense qu'on ne m'aime pas.

Événement : je suis invité chez un ami qui reçoit des gens que je ne connais pas.

Perception, interprétation : « Les gens vont me juger ».

Sentiment : j'ai peur d'y aller.

Comportement : je suis en retrait dans la soirée, je me mets à l'écart.

Le retour constaté : Les gens ne viennent pas me parler (ils voient une personne qui se met à l'écart).

Conclusion : « Décidément, on ne m'aime pas » ! Renforcement de la croyance !

L'inverse est aussi tout à fait possible :

Je pense qu'on m'aime bien, je suis invité chez un ami avec des inconnus, je me réjouis à l'idée de rencontrer de nouvelles personnes, je suis enthousiaste, lors de la soirée je m'ouvre aux autres et suis communicatif, les gens m'apprécient et nous échangeons nos contacts pour nous revoir et décidément, je constate que je suis très apprécié !

Pour faire STOP à mes croyances limitantes, je dois donc avant toute chose en prendre conscience.

Je choisi par exemple un domaine de vie, et je contacte la peur qui se trouve à l'intérieur de moi.

Je décide de faire de ma sincérité une alliée, pour observer sans jugements ma part de ténèbres et mes croyances limitantes.

Identifier les croyances limitantes

- Une croyance peut être contextualisée ou généralisée. Mon modèle du monde est constitué de l'ensemble de mes croyances généralisées à propos de moi-même, des autres et du monde en général. Je peux observer que je fais des généralisations lorsque j'emploi des mots comme « toujours », « jamais », « tout le temps »... ou lorsque je parle sous forme de règles personnelles ou universelles « je n'ai pas le droit de ... » « on ne peut pas faire ceci ou cela »... « c'est mal de... ».
- Plus la croyance est généralisée, plus elle limite mes choix. Ex : « je ne réussirai jamais dans l'artistique », je limite ainsi mon champs d'expérience de vie.
- Toute croyance fait partie d'un système cohérent de croyances. Ce système a tendance à s'auto-valider via les résultats provoqués par mes propres comportements.

- Deux croyances contradictoires peuvent cohabiter chez moi si elles font partie de sous-systèmes (ou parties de la personnalité) qui ne sont pas activées dans les mêmes circonstances. Par exemple, je peux penser que je suis un être de paix en méditant tous les jours, et me fâcher avec mes voisins de paliers dès qu'ils font du bruit en pensant qu'il est nécessaire de savoir affirmer mes besoins.
- C'est la croyance qui détermine l'émotion ressentie et le comportement mis en place.
  Ex : je pense que je suis stupide, j'ai peur de suivre une formation, je ne m'y inscrits pas et je stagne dans ma vie. Je ne développe pas mes connaissances et cela renforce ma croyance.
- On ne change pas la croyance de quelqu'un, on peut seulement créer des conditions favorables et il va (ou non) la changer lui-même.
- Tout changement passe par un changement de croyances ou y aboutit.

Exercice :

Cet exercice me permet d'aller dans mes zones d'ombres, et d'observer, lorsque je sors de mon cercle de sécurité, quelles sont les croyances inconscientes qui sommeillent en moi et qui peuvent me limiter. Je lis les phrases ci-dessous et note les réponses qui viennent spontanément.

Je ne réussis pas complètement dans… parce que…
Si je réussis dans… j'ai peur que…
Le fait d'obtenir tout ce que je veux dans… risquerait de…
Si je me lance dans… j'ai peur que…
Je ne veux pas devenir… car…
Ce n'est pas possible pour moi de… parce que ….
Je ne serai jamais/ Je n'aurai jamais… car…
Je ne suis pas capable de… parce que…
Je n'arriverai jamais à… car…
J'aurai toujours le problème de… parce que…
Ce n'est pas bien de vouloir être… car…
Je ne mérite pas d'être…. parce que…

Suite à ce travail, je prends conscience de l'impact de ces croyances :

1- Je regarde ma vie passée et j'analyse. Avec ce type de croyances, comment ai-je conduit ma vie (perception, sentiments, comportements, résultats) ?

2- Quelles limites cela a-t-il engendré pour moi ?

Pour changer ma croyance je dois trouver des contres exemples, et le faire de nombreuses fois. Je dois aussi vivre des expériences nouvelles qui me permettront de valider ce changement.

Par exemple, je peux découvrir que je porte la croyance suivante :

« Je ne suis pas beau et je ne plais pas ».

Je peux constater que cette pensée a provoqué depuis de nombreuses années un sentiment d'infériorité et de perte de confiance en moi. Je peux comprendre qu'à travers ces sentiments, je suis resté discrets, je n'ai pas osé porter des vêtements qui me mettent en valeur, et je suis resté seul longtemps.

Si je veux changer ma croyance, je vais devoir trouver des contre exemples à « je ne suis pas beau et je ne plais pas ». Je peux trouver des exemples de personnes que je ne trouve pas belles mais qui plaisent énormément et ont beaucoup de succès. Ensuite, je repense aux personnes à qui j'ai pu plaire mais auxquels je n'avais pas fais attention. Ma croyance devient fragilisée et je peux avancer en la remettant en question.

Pour la changer définitivement, j'aurai besoin de vivre des expériences contraires et forte émotionnellement (par exemple plaire à une personne que je trouve belle).

b) **Stop aux émotions destructrices du corps vital**

Une émotion peut se définir comme mon ressenti à un moment donné (joie, colère, tristesse, relaxation, concentration, etc...). Ce sont des états physiologiques (cœur qui bat, transpiration, sourire) ou de conscience (bien être, anxiété).

Les émotions ont plusieurs rôles. Elles me permettent avant tout de mémoriser mes expériences de façon beaucoup plus forte. Je me souviens d'avantage de mes meilleures ou de mes pires relations humaines. Mon instinct naturel se porte sur la survie et le plaisir. Grâce aux émotions enregistrées, mon corps mental sélectionne ce qui est bon pour moi et ce qui ne l'est pas. Ainsi, j'effectue mes choix sur ce qui me semble être source de confort, de sécurité et de plaisir. Mon attention, ma perception et ma réalité vont donc naturellement s'orienter sur les choix correspondant à ces émotions-là ou à la satisfaction de mes besoins égotiques.

Mes émotions, par leurs richesses, sont les couleurs de l'existence. Elles me permettent de renforcer la mémorisation d'une expérience et j'aurai tendance à reproduire les actes m'ayant apporté une émotion positive. C'est là que le personnage égotique se crée pour assurer ma survie.

Se défaire des autorités extérieures… pour enfin croire en soi !

On peut classer les émotions en deux catégories:

Les émotions ressources et les émotions limitantes.

Les émotions « ressources »:

Ce sont les états les plus appropriés pour vivre une situation donnée et/ ou atteindre l'objectif désiré.

J'accède à mes ressources intérieures en fonction de mon état interne. Plus je m'élève, plus j'accède à la capacité de donner le meilleur de moi-même: c'est l'intelligence émotionnelle.

Par exemple, si je travaille dans une entreprise où je me sens jugé par mon patron, dès qu'il m'observera, je deviendrai très maladroit. A contrario, si je me sens encouragé, je vais devenir de plus en plus adroit et performant ! Oui, seul l'amour guérit !

L'intelligence émotionnelle compte sur mes émotions, sur mes capacités de don et d'ouverture. Notre cerveau ne fonctionne pas de la même façon selon l'état dans lequel nous sommes.

Les émotions « limitantes »:

Ce sont les émotions qui rétrécissent le champ des options envisageables à un moment donné.

Une émotion peut être ressource dans une situation et limitante dans une autre. Ex: excité: approprié lorsque j'entame un projet, limitant si je veux m'endormir.

La mécanique des émotions:

Elles sont influencées par :

- l'environnement. Ex : si je me rends au travail et que je traverse les bouchons de la ville, qu'il y a du brouillard et que la pollution autour de moi est intense, mon système émotionnel réagira différemment que si la route est fluide, qu'il fait grand soleil et que le chemin est parfumé de fleurs printanières.

- l'impact du corps. Ex : si je souffre de problème de poids et que je vais faire du ski, j'aurai moins de plaisir à le pratiquer que si mon corps est sain et entrainé.

- la pensée. Ex : si je considère que je vais donner une conférence à des personnes qui vont me juger, mes croyances auront un impact sur mes émotions.

Les états moins plaisants sont là pour m'alerter. Je serai toujours confrontés à des états plaisants et déplaisants, les émotions m'aident à piloter ma vie dans ce que je veux ou non. A moi d'arriver à être suffisamment conscient dans mes besoins et dans ce que je veux : vivre (l'âme) ou survivre (l'ego) ?

Il s'agit d'apprendre à développer une conscience dans laquelle je suis pour réorienter mon énergie.

Se défaire des autorités extérieures... pour enfin croire en soi !

Toutes ces émotions viennent modifier ma perception du monde, les sentiments sont toujours vrais, et c'est ce qui fait la puissance d'une croyance.

Tous ce que nous percevons n'est que le reflet du miroir de ce que nous connaissons. Ex: je parle de vacances à la mer, vous imaginez des choses qui font référence à ce que vous avez vécu et ce que vous connaissez. Il ne peut pas y avoir de référence extérieure à vous-même.

Pour le système nerveux, le temps n'existe pas, ce qui entraîne une croyance généralisée sur le futur.

Les croyances vont entraîner des résultats sur mes comportements.

ex: j'ai un doute à l'égard d'une personne, je ne développerai pas les mêmes comportements, et j'aurai des résultats qui conditionneront ma perception des choses.

Les alertes émotionnelles :

- **POSITIVES ET PLAISANTES :** montrent que mon système de valeurs est en partie ou totalement nourri, ainsi que mes besoins.

- **NEGATIVES OU DEPLAISANTES** : montrent que mon système de valeurs et mes besoins sont partiellement ou totalement bafoué.

Pour développer une vie harmonieuse, j'ai autant besoin de la première catégorie (plaisantes) que de la deuxième catégorie (déplaisante).

La clé pour reprendre mon pouvoir créateur => les identifier, les ressentir et savoir ce que je peux en faire pour conduire ma vie quels que soient les domaines.

Mon système nerveux gère les émotions de manière automatique, et ce système est directement lié à mon système de croyance et à mon profil de personnalité.

Par exemple, si je suis dans une situation où des personnes me regardent, mon système nerveux va me faire ressentir de la honte. Je n'ai pas conscience que si je ressens cette émotion, c'est parce qu'en réalité je porte la croyance que je ne vaux rien.

Travail sur les émotions déplaisantes

Puisque ces émotions sont des automatismes, il s'agit d'observer mes habitudes et utiliser mon attention une deuxième fois pour faire grandir la conscience de ce qu'il se passe en réalité à l'intérieur de moi.

Exercice :
Identifier les alertes émotionnelles :

Je choisis un domaine de vie et 5 à 10 situations déplaisantes, puis, je classe mes émotions par catégories et intensité.
Par exemple : la vie sociale

- Quand les gens critiquent ma façon de parler ou de m'habiller, je ressens de la colère.
- Quand j'entends parler des problèmes économiques de notre société, je ressens du stress et de la peur.
- Quand je vois mes amis faire des choix qui ne correspondent pas à mes valeurs, je ressens de la peine.
- Quand une personne me raconte qu'un ami à qui je ne parle plus dit beaucoup de mal de moi, je ressens du dégout et de l'amertume.
- Etc…

Je classe mes émotions et les situations dans 4 grandes catégories d'émotions déplaisantes :

La peur : elle renvoi à un danger. Elle est l'émotion racine à toutes les autres. Je peux affronter la situation qui me fait peur ou l'éviter. Je peux ressentir du doute, du stress, de l'angoisse jusqu'à la terreur. Le problème c'est que mon sentiment de peur peut être réveillé face à un danger réel (je monte dans une voiture et le conducteur a bu de l'alcool) ou fantasmé (j'ai peur de partir en voyage car je crains d'avoir un accident sur la route).Pour ne plus avoir peur, je dois **me sentir en sécurité**, et l'émotion opposée sera le **sentiment de paix**.

La colère : elle est liée aux règles du jeu, à mes règles personnelles et mon système de valeurs. Les règles préservent ma sécurité. Si je vis une situation en absence de règles, je vis une source de stress des plus importants. Je peux me sentir agacé, énervé, jusqu'à à la haine ou à la rage... La culpabilité est aussi une forme de colère, mais retourné contre moi-même (je n'ai pas respecté mes propres règles). Si je suis en colère, c'est que les règles du jeu sont bafoués. Mais ont-elles été clairement exprimées ? Ais je signalé mes besoins et mes valeurs, en ais je eu conscience ? Pour ne plus me sentir en colère, je dois communiquer mes besoins **et me sentir respecté** dans mon fonctionnement, et l'émotion opposée sera le **sentiment de joie**.

La Tristesse : elle est liée à la perte. J'ai perdu quelque chose, ou quelqu'un. Je peux ressentir du regret, de la nostalgie, de la peine, avoir perdu un lien avec une personne ou ces marques de reconnaissance, je n'ai plus sa considération. Du regret à l'ennui, à la peine profonde, et au deuil non terminé. Si je ressens de la tristesse, **j'ai besoin de reconstruire le lien**, ou de m'apporter de l'affection (massage, rencontre amicales, soutien) et l'émotion opposée sera **un sentiment d'amour**.

Le dégoût : il est lié au rejet. C'est aussi l'accumulation entre la colère (règles du jeu non respectées) et la tristesse (perte de lien, affection et considération). Je n'ai plus aucune envie de revoir la personne. Je me sens rempli d'amertume. J'ai besoin de **créer autour de moi des conditions de vie qui respectent mes règles personnelles ainsi que du lien et de l'affection**. Ainsi, l'émotion opposée que je vivrai sera **du désir et de la motivation**.

Gestion émotionnelle

Face à une émotion, je peux :

➔ **Me couper** de l'émotion. Dans ce cas, je me tais, fais l'autruche comme si de rien était, et je continue mon train-train en fermant les yeux sur ce qui me dérange. Cela engendre un effet

« cocotte-minute sous pression » et je finirai par exploser.

➔ **Me noyer** dans l'émotion : je la laisse s'exprimer sans conscience et il est difficile pour moi d'en sortir. Je peux y rester longtemps, est-ce vraiment ce que je souhaite?

➔ **Remplacer** une émotion par une autre : quelqu'un me dit quelque chose qui me blesse et je me mets à rire. Suis-je authentique ?

➔ **Accueillir et transformer** l'émotion : c'est la meilleur solution.

Application :

➔ Je prends une émotion dans laquelle je me retrouve parfois face à des situations. J'identifie mon émotion déplaisante. Comment se manifeste-t-elle ? Qu'est ce qui déclenche ma réaction, quel est mon besoin ? Je repense aux 4 catégories d'émotions et j'analyse ce qui se passe en moi. **J'accueille** mon émotion et mon besoin sans jugements.

➔ Je passe d'une stratégie inconsciente (par exemple, je rentre en réaction et me met en colère face à mon environnement) à une stratégie consciente (je fais une demande). **Je fais une mise à jour de mon besoin** qui est derrière l'émotion, quel est le comportement que j'utilise pour satisfaire ce besoin quand il se manifeste ? Je recherche un comportement qui a déjà fait ses preuves pour moi pour satisfaire mon besoin dans cette situation. Je peux aussi changer mes stratégie de comportement -> je me donne 3 nouvelles idées applicables dans ce genre de situation.

➔ **Je valide** le comportement dans la situation en question. Je vérifie que je suis enthousiaste à l'idée d'utiliser cette stratégie maintenant et dans l'avenir. Si oui, tout est parfait, sinon, je retourne à l'étape précédente.

c) **STOP aux habitudes du corps physique**

Mon corps physique est programmé dans sa survie et répète inlassablement les mêmes mécanismes de défenses.

Ghis propose des idées de déconditionnement des comportements dans ses ouvrages et les formations de Personocratia.

J'ai regroupé dans cet ouvrage ce que j'ai déjà mis en place et ce dont je me suis libéré, ou ce avec quoi je suis déjà en marche.

Cette section du livre peut te paraître décourageante, car elle présente les comportements égotiques que je dois cesser pour évoluer en conscience et découvrir l'être véritable que je suis. Tous ces comportements viennent satisfaire des besoins de survie et génèrent des attachements qui me semblent insurmontables, à l'idée de m'en défaire. Pourtant, plus je m'en libère, plus je fais de l'espace en moi-même, et plus je les nourris, plus je m'enfonce dans la survie!

Mon ego hurle quand je lui dresse cette liste et il peut se mettre très en colère. Simplement, je lui indique mes intentions de cesser ma collaboration. Je le remercie pour les expériences que cela m'a permis de réaliser jusqu'à aujourd'hui et je lui transmets la confiance dans les solutions nouvelles qui lui seront proposées par la suite.

Se défaire des autorités extérieures… pour enfin croire en soi !

Il est impossible d'évoluer en conscience de qui je suis vraiment, si je nourris ma conscience en me comportant comme une victime dépendante de mes trois attachements suivants : la spiritualité, l'animalité et la citoyenneté.

STOP aux chaînes de la religion et de l'ésotérisme :

➔ La mort et ses croyances :

Conserver la croyance que l'aboutissement de l'évolution se fera après la mort ou que je ne me réincarnerai plus lorsque j'aurai fini « le cycle karmique » est une grande illusion. Pourquoi venir m'incarner sur terre si la transformation a lieu dans le monde subtil ? Pourquoi serions-nous passés des crétacés aux dinosaures pour, après des millions d'années, arriver à l'être humain, ayant au sommet de son évolution, comme seul but à atteindre, le bac et la machine à laver pour tous? Non ! La réalité est que la mort n'existe pas, je suis un être immortel et mon but ici sur terre est de manifester qui je suis vraiment. Je fais STOP à la mort, je cesse de l'alimenter en fermant trois grandes portes :

- STOP aux pensées qui me disent que je n'ai rien demandé et que je n'aurais pas voulu naître. Je me souviens de qui je suis et que je suis venu volontairement manifester ma perfection dans la matière.

- STOP à l'évasion par la méditation et les prières. Si, enfant, on m'avait dit que le but ultime de la vie était de trouver le bonheur et la paix en méditant, cet enfant aurait été révolté et aurait trouvé cela lamentable de penser que la vie est faite pour dormir éveillé. Je cesse mon refus d'incarnation et je ne m'évade plus par la méditation intensive. Néanmoins, je peux m'en servir ponctuellement pour calmer mes cellules.

- STOP à la porte de sortie d'urgence, où je me dis que s'il m'arrive une expérience trop difficile à vivre, je pourrais toujours me suicider si cela devient trop dur. En réalité, je garde la porte de la mort bien ouverte en pensant de cette manière. Je dois prendre la décision que, coûte que coûte, je dis oui à la vie et non à la mort.

- Je cesse la prière, c'est me renier que de vouloir contacter un Dieu plus grand que moi. J'enfonce mon état de conscience à me prendre pour le mouton d'un créateur extérieur. J'ai oublié que je suis un être divin et que c'est moi-même que je dois contacter. Je fais STOP aux demandes envers « l'univers », car je sais que mon âme sait ce qu'elle fait et que tout est parfait pour l'évolution de ma conscience.

- J'arrête les méditations pour la paix dans le monde. C'est faire la guerre à la guerre… Quelle drôle d'idée ! Je ne vis plus dans la dualité et j'accueille chaque événement comme un miroir grossissant de moi-même. Si la guerre ne me plaît pas, j'arrête mon consentement et je ne la finance plus avec les taxes et les impôts. Je sais que j'en suis le créateur. J'arrête l'hypocrisie et mon manque de responsabilité. Je sais que toute guerre dans le monde est issue de la peur, en miroir avec la mienne qui me pousse à financer la guerre par mes impôts parce que j'ai peur de me retrouver en prison pour avoir obéi à ma conscience.

- J'arrête les communications avec le monde subtil, le channeling, la guidance par les anges, les guides spirituels, les maîtres ascensionnés. Je prends conscience qu'en réalité, il existe un échange énergétique non clarifié avec ces entités et que je me fais siphonner mon énergie à mon insu, aussi belles les paroles lues ou entendues soient-elles. Je peux contacter mon âme qui aura réponse à toutes mes questions.

- Je ne demande pas d'enseignements gratuits sous prétexte qu'ils sont spirituels. Je n'en donne pas gratuitement non plus, car je sais que je me positionnerai en sauveur si c'était le cas. Je suis créateur et responsable, je peux payer et honorer la personne qui m'accompagne dans mon développement, tout comme je peux être honoré et être payé moi-même pour mes services. Je fais affaire avec un enseignant spirituel incarné dans un corps de chair et qui vit la même condition humaine que moi. Je vérifie qu'il est honnête et qu'il demande à être payé à sa juste valeur, qu'il demande une contrepartie claire qui ne l'emmènera pas à jouer les sauveurs par besoin de reconnaissance. Dans ce cas-là, l'échange est clair pour tout le monde. De plus, je sais qu'un enseignant incarné va me confronter à une réalité beaucoup moins mielleuse que les entités du monde subtil avec qui je ne suis pas en lien dans le plan de la matière.

- Je cesse d'utiliser les lois spirituelles comme les lois de l'attraction ou de l'intention. Je réalise que lorsque j'émets une intention à l'univers, c'est mon corps de désir et mon mental qui souhaitent contrôler les événements de ma vie. Je cesse le contrôle spirituel et je m'abandonne en toute confiance à ce que me crée mon âme, car je sais qu'elle est amour infini.

- Je fais STOP à la magie blanche, télépathie, voyance, télékinésie, au prâna et tous les outils « magiques » qui gonflent mon ego spirituel de survie qui se croit plus malin avec ces pouvoirs spirituels. Je n'ai pas besoin de m'alimenter de prâna et d'énergie viciée de la matrice. Lorsque je serai suffisamment évolué et que mes cellules auront ancré en elles la divinité que je suis en réalité, je n'aurai plus besoin de manger ou de boire. Cela arrivera naturellement sans intention, préparation ou autres trucs magiques, et dans un nouveau corps, une nouvelle espèce ! Je cesse l'utilisation des cartes et de la voyance, car je sais que mon âme crée chaque événement au temps présent et que j'ai ensuite le libre arbitre dans ma vie. Les horoscopes, numérologie et autres travers n'ont plus d'emprise sur moi et je ne cherche plus à me rassurer sur mon avenir, car je sais que c'est mon ego de peur qui m'emmène dans ce genre de pratiques.

- J'arrête les jugements et je bannis de mon vocabulaire les mots victime, sauveur, coupable quand je suis confronté à un problème. Je sais que je suis créateur à 100% de tout ce qui m'arrive et que chaque personne est divine.

- J'arrête de financer et de collaborer aux œuvres humanitaires. Je sais que la plupart de mes dons sont redistribués à des compagnies pharmaceutiques pour les vaccinations (UNICEF) et que les ONG sont toutes sous contrôle de l'ego collectif. J'arrête de considérer l'autre comme une victime. Je peux m'occuper de ce qu'il se passe autour de moi, chez mes amis, mes voisins et les personnes que je me crée. Je cesse les dons auprès d'organismes, dont je n'ai pas mainmise sur leur comptabilité et pour des personnes que je ne rencontrerai jamais.

- J'arrête la croyance d'être un co-créateur. C'est me croire qu'une moitié de créateur alors que je crée à 100% tout ce qui m'arrive. Si je crois en la co-création, qui est l'autre que moi qui crée ? Me voilà reparti dans une conscience de mouton qui va se retrouver victime de l'autre partie de la création. Non, je me souviens de qui je suis, créateur illimité.

- Je ne crois plus au hasard et n'implore plus la chance. Je cesse de jouer aux loteries, casino et toute cette création née du désir et de l'ego. Si je veux être riche, je crée ma richesse et je fais surtout STOP à ce qui me rend pauvre.

STOP aux mœurs et pulsions

- Je cesse de m'identifier à des rôles. Je sais qu'en réalité je suis tout et ne suis pas un homme ou une femme, une moitié de... Je sais que je suis l'énergie masculine et féminine en une seule personne, mais que mon corps est simplement la manifestation de mon état de conscience et de cette séparation que je porte en moi. J'adopte un comportement androgyne, je m'ouvre à faire la vaisselle, à cuisiner, à communiquer, à la couture et l'esthétisme si j'ai un corps d'homme et j'apprends à bricoler, faire des travaux, jardiner si je suis une femme.

- Je sors des rôles familiaux : parrain, marraine, mère, père, fils, fille. Je reprends la conscience que je me crée moi-même et que j'ai manifesté dans le monde d'illusion une pièce de théâtre avec des créateurs extérieurs à mon image et à ma ressemblance. Je les remercie pour le reflet qui m'est renvoyé et je cesse l'appellation « papa » ou « maman », mais je les appelle par leur prénom. Si j'ai enfanté, je cesse d'appeler mes reproductions « mes enfants », car non seulement ils ne m'appartiennent pas, mais un jour vient où ils ne sont plus des enfants mais des jeunes adultes. Je les invite à l'autonomie et les appelle par leurs prénoms quand je parle d'eux autour de moi.

- Je cesse de croire en l'hérédité, aux mauvais gênes et aux mémoires cellulaires. Je ne suis pas victime des tares de ma famille. Je suis créateur au temps présent et je manifeste une histoire familiale qui me renseigne sur mon état de conscience actuel. Inutile de vouloir guérir un karma ou de vieilles histoires familiales que j'aurais reçues dans la mémoire biologique de ma famille. Si quelque chose fait écho à ma vie d'aujourd'hui, je règle le problème dans mon temps présent et le remercie du cadeau.

- J'arrête la reproduction et de fabriquer des bébés. Je prends conscience qu'enfanter est un investissement et un transfert de pouvoir à une autre génération à qui je veux reléguer la tâche que je n'ai pas su accomplir par moi-même. Je prends conscience que cet instinct de reproduction est purement animal et qu'il est engendré par la peur de la mort. C'est l'outil de survie le plus lourd et le plus enraciné. Au lieu de cela, je m'incarne et profite de ma vie pour me réaliser moi-même, pas pour réaliser mes enfants !

- Je cesse progressivement la sexualité qui maintient mes vibrations dans les vibrations les plus lourdes et les plus denses, même si mon corps vital y trouve une grande satisfaction par le vampirisme énergétique. Je peux commencer par sortir des carcans de la mode et de la pornographie, puis diminuer mes rapports sexuels, pour enfin les arrêter et cesser d'y penser. Je cesse aussi de vampiriser l'énergie des autres par la culpabilité, l'absence, le manque de communication, la plainte ou le fait de parler fort constamment pour me faire remarquer.

- Je n'érige pas de testament, c'est signer ma propre mort. Je sais que je suis immortel et je me comporte comme tel. Si je le souhaite, je peux donner ce que je possède de mon vivant, je n'ai pas besoin de me créer la mort pour cela.

- Je mets fin aux secrets : famille, entreprise, etc... Je dis ce que j'ai vu et expérimenté et je fais circuler l'information autour de moi. Si j'ai vécu des attouchements, je le dis aux personnes de ma famille. Je ne vais pas me plaindre aux autorités, mais je dis la vérité, j'informe les personnes autour de moi de la pédophilie que j'ai vécu par mon père, oncle, tante, etc... et je me libère du poids du secret. Si quelqu'un veut me confier un secret, je lui réponds « Pourquoi voudrais-tu me faire porter ce que toi-même tu n'arrives pas à taire ? Sache que je ne garde pas de secret ».

- Je lâche le personnage auquel je m'identifie : homme/femme d'affaires, rappeur, techno, macho, séductrice, bonne mère/père, bon fils/fille, timide, exubérant, etc... Si je m'aperçois que mon entourage me rentre dans une case, je les remercie du cadeau qu'ils me renvoient et je casse cette image, je me surprends moi-même, je mets fin au poids du regard de l'autre et m'autorise à sortir de toute identification. Je sors de mes limites.

- J'arrête de faire des cadeaux pour obtenir la reconnaissance et l'amour des autres. Je m'en guéris. Je prends conscience que les cadeaux ont souvent des élastiques cachés. Je m’assure que je n’attends aucun retour si j’en fais. Si on m’invite à manger et que l’on me dit de ne rien apporter, je viens les mains vides et j'apprends à accueillir sans avoir peur de me sentir dominé et redevable.

- J’arrête la célébration du mensonge des traditions (Noël) familiales. Je vais voir ma famille de sang si j’en ressens l’envie et ne m’impose aucune obligation. Je me libère de la culpabilité face à l’attachement de mes proches.

- Je cesse l’identification et mon appartenance à un clan, une culture, le patriotisme, etc… Je sais que toute identification à un clan est un comportement animal de troupeau parce que j’ai peur de me retrouver seul. Je me souviens que je suis créateur de chaque personne sur mon chemin et que je n’ai plus besoin de m’identifier à un groupement.

- J’arrête le diagnostic face à la maladie. Je parle de mes symptômes mais pas de mes croyances médicales. Par exemple, je dis : « J’ai mal à la gorge, j’ai de la fièvre, je suis fatigué et je vomis », mais je ne dis pas que j’ai « attrapé froid » ou que j’ai « une angine ». Je ne cherche pas à me rétablir trop vite car je sais que mon corps me demande de m’arrêter. Je cesse mes activités, je prends du temps pour me reposer et faire le point. Je peux m’aider par des médecines douces et naturelles. J’arrête ma peur des microbes et des ennemis extérieurs. Je sais que si je tombe malade, c'est qu'il existe en moi une résonance à cela. Je n'ai plus peur d'embrasser les gens quand ils me disent qu'ils ont la grippe et qu'ils sont contagieux.

- Je ne crois plus en la maladie mentale diagnostiquée à main levée par des psychiatres. Je sais qu'il s'agit de possession d'entités du monde subtil, et je m'interroge sur la porte d'entrée que j'ai manifestée en moi. Si je me sens déprimé, je ne me drogue pas avec des antidépresseurs, j'en profite pour me remercier de ce moment de grâce où je vais pouvoir faire un point salutaire dans ma vie.

- J'arrête le manque de volonté car je sais que tout est possible avec la coopération de mon mental (mes idées) et de mon corps vital (désir) quand ils sont au service de mon âme.

- Je ne cherche plus le prestige, les lettres de noblesse, les signes de pouvoir et de richesse, car je sais qu'ils sont un signe de domination sur le reste du troupeau. Je sais que nous ne sommes qu'un et je cesse de me démarquer par des symboles de réussite (prix, médailles, honneurs, etc…).

- J'arrête la nostalgie du passé et je cesse de conserver photos et vidéos de famille, d'amis que je ne vois plus, etc... Je ne suis plus cette personne du passé et ne regrette pas d'avoir perdu « ma jeunesse » alors que j'ai grandi en maturité et que je bénéficie de plus de sagesse. Je suis ici pour me réaliser maintenant. Je fais table rase de cette nostalgie qui n'est vivante que dans mon esprit et je me concentre sur mon instant présent, là où je crée ma vie, mes rencontres et nouvelles expériences à chaque instant. En réalité, je suis jeunesse éternelle.

- Je mets fin à mon désir d'acheter des biens immobiliers, car je sais qu'il s'agit d'une peur animale liée au territoire et à la possessivité.

- Je cesse de surveiller ce que les autres pensent de moi et je n'évite pas l'exclusion si elle se présente à moi. Au contraire, je sais que mon environnement change selon mon niveau de conscience et que pour faire place à de nouvelles rencontres, les anciennes doivent s'en aller. Loin de me sentir découragé, je les remercie de leur collaboration inconsciente.

- J'arrête les dogmes alimentaires pour vouloir vivre à tout prix le plus longtemps possible. Je cesse ma croyance envers des autorités extérieures qui me disent ce qui est bon ou pas à manger. Par contre, je sors de mes habitudes et je réalise différentes expériences afin d'adopter une alimentation consciente de ce qui me convient. Je vérifie que je mange pour combler mes besoins physiques et non mes besoins émotionnels. Je garde à l'esprit qu'un jour je n'aurai plus besoin de me nourrir quand mon corps aura parfaitement intégré la conscience divine et qu'il se transformera en une nouvelle espèce.

- Je ne tiens plus compte des lois biologiques, je mange quand j'ai faim et je vais me coucher lorsque j'ai sommeil. Je cesse l'utilisation des autorités extérieures (pèse-personne, thermomètre) et j'écoute mon corps afin de savoir si j'ai chaud ou froid, si je dois manger plus ou moins de quantité.

- J'arrête l'évasion mentale à outrance en comblant les désirs de mon corps vital : drogues, jeux vidéo, cinéma, musique, internet et je mets fin à ma collaboration envers les médias officiels qui sont aux services des banquiers et des multinationales. J'ai conscience qu'ils utilisent de nombreuses techniques de manipulation mentale pour faire de moi un consommateur.

- J'arrête toute forme de jalousie qui voudrait que mon voisin ou ami échoue là où moi je n'ai pas réussi. Je contribue à la réussite autour de moi. J'encourage mes amis et je les soutiens en collaborant à leur œuvrage (contraction de œuvre et ouvrage) et je deviens bon client (travailleurs indépendants, artistes, écrivains, artisans, soins, etc...). Je n'hésite pas à formuler un feed-back ou une aide si je sens que je peux les aider à progresser et qu'ils me le demandent.

STOP aux chaînes de la citoyenneté et du gouvernement

- Je ne participe plus au vote et à cette mascarade qui consiste à donner son pouvoir à une liste préétablie. Je prends conscience que l'autorité suprême se trouve en moi, que je suis créateur. Je n'ai plus besoin de sauveurs extérieurs, marionnettes servant les intérêts de l'argent.

- Je ne pétitionne pas, ne proteste pas. C'est un comportement de mouton noir qui veut changer l'autre. Je le remercie de m'ouvrir les yeux et je cesse de donner mon pouvoir à ce qui ne correspond pas à ma conscience actuelle. Je cesse ma collaboration et apprends à dire non.

- Je ne suis pas un animal, je sors du troupeau, clan, fédération, associations. Je me souviens de qui je suis et je constate que les créateurs sont au service des institutions qu'ils créent et non l'inverse.

- Je me départis des rentes, pensions, allocations, subventions qui enfoncent le clou d'une conscience de victime et d'assisté. Je suis créateur de ma richesse.

- Je ne dépose pas de plainte lorsque je suis en conflit et ne joue pas le jeu de la justice. Il n'y a pas de coupable, je me souviens que je suis créateur. Par contre, j'informe les personnes autour de moi sans faire de délation auprès des autorités.

- Je me départis de mes assurances : vol, incendie, maladie, décès... Je ne nourris pas la peur.

- Je mets fin au fichage informatique, je n'utilise plus de carte bancaire, je règle mes achats en espèces ou avec des monnaies locales ou alternatives (JEU, SEL, etc...). Je ne demande pas de garantie, ni de facture.

- Je ne place pas mon argent pour mes vieux jours, je ne fais pas d'usure ou d'intérêt sur l'argent.

- Je ne me marie pas, je refuse de faire entrer l'état ou l'église dans ma relation. Elle ne concerne que mon partenaire et moi.

- Si j'ai des enfants, je les assume à cent pour cent. Je les éduque à la maison et leur apprends la vraie vie, dans l'expérience. Je les retire du système scolaire, basé sur l'endoctrinement, la soumission, l'obéissance aveugle, la dépendance affective, intellectuelle, et l'estime de soi conditionnelle.

- Je n'encourage pas mes enfants à pratiquer la quête pour leur école (voyage scolaire ou autre) en vendant des choses inutiles et en leur apprenant la mendicité.

- Je cesse l'utilisation du tabac et de l'alcool, produit surtaxé par le gouvernement et apportant une ouverture considérable sur les plans subtils inférieurs.

- Je cesse de vouloir combattre le chômage. Au contraire, je me remercie pour le cadeau que je me fais et pour la période où je vais pouvoir me poser les bonnes questions.

- Je ne profite pas des réductions selon l'âge ou le statut, ils m'enfoncent dans mon rôle de victime. Je paye le prix juste.

- Je refuse la gratuité des services et prend conscience que derrière chaque cadeau se trouve un élastique caché.

- Je cesse l'utilisation du « novlangue » que les autorités utilisent pour me tromper. Par exemple « libre-service » veut dire « pas de service » ; « rationalisation » veut dire « coupure massive d'emplois », etc...

- Je cesse les journées de boycott ou journées sans achats qui sont des initiatives de moutons noirs voulant narguer les autorités pendant une journée, mais qui reprennent leurs comportements dès le lendemain. J'achète en conscience jour après jour.

- Acheter « made in china » pour encourager l'emploi dans les pays pauvres est un mensonge pour me donner bonne conscience et contribuer à l'esclavagisme. J'achète local.

- Je refuse le revenu d'existence, nouvelle initiative qui sera proposée par le berger pour s'assurer de garder le mouton dans la bergerie. Le revenu de base consiste à donner le minimum vital pour tous, que je travaille ou non. Il est fort à parier qu'une fois que les poissons auront mordu à l'hameçon, le berger leur imposera la vaccination et la puce, sous menace de leur retirer les aides de l'État. Puis, petit à petit, les prix augmenteront et il sera impossible pour toute personne vivant hors système de s'en sortir.

- J'arrête de placer mon argent dans des fonds « écolo », « bio », « socio » qui me donnent bonne conscience. Pour mieux me harponner, les banquiers créent des noms trompeurs, mais qui pratiquent encore l'usure, outil numéro un d'inégalité sociale !

- Je ne participe pas aux cercles d'abondance, ayant particulièrement sévi dans le sud de la France. L'idée est de donner un montant d'argent pour permettre à un autre de vivre son rêve (égotique). C'est un système pyramidal qui est à haut rendement lorsque je réussis à faire rentrer huit personnes qui investissent à la suite de moi. Si ces dernières ne peuvent pas trouver huit personnes à leur suite, elles perdent leurs investissements. C'est une arnaque basée sur le mensonge de départ selon lequel « donner, c'est recevoir ». En vérité, c'est pour recevoir que je participe à un cercle d'abondance.

Exercice :

- Lorsque mon ego s'agite, je prends conscience de mon personnage de survie et de son intention positive.

- J'accueille avec reconnaissance et amour son intention.

- Je fais STOP à mes vieilles habitudes et me détache progressivement des trois esclavages : spiritualité, animalité, citoyenneté. Je fais la liste de ce à quoi je suis prêt à m'engager et j'y vais pas à pas, une action après l'autre.

- Je change mes habitudes, dépasse mes peurs et trouve de nouvelles alternatives me permettant de satisfaire mes besoins d'une manière plus responsable et en accord avec ma conscience.

Mon témoignage

Au cours de mon évolution de conscience, je réalise qu'il m'est difficile de continuer à collaborer avec le système bancaire. Heureusement, je suis libre de dette et je vais pouvoir m'atteler à sortir d'un système qui ne me correspond pas. Je décide aussi d'arrêter d'aller dans les multinationales et de privilégier les producteurs locaux, puis de me départir de mes assurances de toutes sortes.

Gros morceau.

L'état de conscience de la population qui m'entoure n'en est pas là et mon ego n'a pas du tout envie de changer ses habitudes de survie, il est très attaché à l'utilisation de la carte bleue.

J'accueille son intention positive qui souhaite m'apporter confort et facilité. Je le remercie et lui explique que je ne suis pas venu sur terre pour cela, mais pour m'accomplir. Je lui demande sa participation dans mon évolution.

Comme le changement est difficile, je commence les premières semaines à laisser la carte bancaire chez moi et à retirer en espèces ce dont j'ai besoin.

Lorsque je fais mes achats, je vis l'expérience que je dépense moins et que j'en sors beaucoup plus riche. En effet, ayant préparé à l'avance une liste de mes besoins réels et n'ayant pris que le montant nécessaire sur moi, je n'ai pas la possibilité de laisser mon corps vital mener ma vie en fonction de ses désirs insatisfaits une fois sur place.

Je m'informe sur les producteurs locaux et sur les jours de marché. Les premiers temps, la transition est difficile. C'est moins pratique, je me sens souvent exaspéré d'avoir mal anticipé sur mes besoins lorsqu'il me manque certains produits et j'observe mes résistances dans mes nouvelles habitudes.

Comme je suis créateur de mon emploi, j'informe ma clientèle que je ne prends plus les chèques mais uniquement les paiements en espèces. Je lis dans le regard de nombreuses personnes une méfiance ou un jugement lorsque j'explique que je ne collabore plus avec les banques.

Beaucoup pensent que j'ai dû être interdit bancaire et que je suis certainement un mauvais payeur, que j'ai dû avoir des ennuis. C'est amusant de constater que le lavage de cerveau est bien en place dans la population. Comme le dit André Gide « Dans un monde où chacun triche, c'est l'homme vrai qui fait office de charlatant » !

J'ai du mal à lâcher complètement la carte bleue. Je retire mes placements bancaires et je suis surpris d'apprendre par ma banque qu'elle ne peut me donner en espèces la totalité du montant car il faut un justificatif ! Effectivement, mon argent ne m'appartient pas et je dois me justifier ! Je savais que les banques n'aimaient pas que les clients retirent des espèces (normal, les banques n'ont pas d'argent), mais je passe de l'information à l'expérience concrète !

Cela me demande quelques mois avant de progressivement retirer mon argent. Je me retrouve avec de l'argent en espèces chez moi, et cela réveille toutes mes peurs du cambriolage.

Je réalise que garder de l'argent chez moi n'a aucun intérêt, puisque c'est un outil de circulation. J'informe mes proches de mon fonctionnement et leurs propose de m'emprunter de l'argent s'ils en ont besoin (sans intérêt) plutôt que de faire affaire avec des banquiers.

Je fais face à la réalité de mes relations, et les amis honnêtes sont ceux qui me remboursent. Cela me permet de quitter les autres et d'y voir clair. Mon argent circule localement, il est utile, et en sécurité dans les mains des personnes honnêtes. Je n'ai plus besoin de le stoker chez moi. Je crée mon paradis sur terre.

Puis, un jour, je me crée l'expérience de perdre mon portefeuille avec la carte bancaire !

Je fais opposition et ne renouvelle pas la carte. A ma surprise, la banque m'en renvoie une autre sans aucune demande de ma part ! Je les informe qu'à partir de maintenant, je ne souhaite plus de carte de crédit. Je décide de me donner quelques mois dans ce défi, à titre d'expérience, histoire de sortir de mes habitudes d'abord, puis de vérifier ensuite si j'arrête complètement.

Après quelques mois, mon évolution et mon état de conscience se suivent harmonieusement et il me paraît difficile de revenir en arrière et de repayer mes achats en carte bleue. Peut-être la reprendrais-je un jour... Néanmoins, je me sens heureux d'en être détaché et de ne pas collaborer avec les banques.

Concernant les assurances, je commence par me départir de celle qui me fait le moins peur : l'assurance vie. En effet, je n'ai plus peur que mes proches se retrouvent démunis dans le cas où je décéderais et j'ancre dans mes cellules une conscience immortelle !

Plutôt que de miser sur une assurance extérieure, j'organise une réserve alimentaire dans mon garage, en cas de coup dur ou de crise économique. J'investi sur mon autonomie en cas de survie.

L'assurance professionnelle me confronte un peu plus à mes peurs. Puis, je constate que je n'en ai jamais eu l'utilité. Je me désiste de cette assurance. J'informe ensuite mes clients que je n'ai pas d'assurance et qu'ils ne sont pas couverts par moi en cas de problème. Je n'ai, à ce jour, pas encore eu de clients qui ont refusé de signer ce document et n'ai jamais rencontré de problème.

L'assurance maladie me demande encore plus de courage. J'ai du mal à m'en défaire. J'observe le taux d'assurance et je commence par en baisser le niveau de remboursement. J'éduque progressivement mon ego de survie, respectant aussi son rythme avant de l'avoir transformé complètement.

Se défaire des autorités extérieures… pour enfin croire en soi !

A l'heure où j'écris ces lignes, je suis encore en chemin.

Chapitre 5- Oui à la vie

a) La liberté dans l'engagement

Pour beaucoup, être libre veut dire « faire ce que je veux ». Or, c'est être encore une fois soumis à l'ego et au corps de désir. Et il n'y a pas plus tyrannique que lui !

Se défaire des autorités extérieures… pour enfin croire en soi !

Être vraiment libre, est-ce s'affranchir de toute autorité ou, au contraire, avoir la liberté de respecter une autorité ?

La liberté a plusieurs degrés. Le plus bas correspond à la liberté égotique, c'est-à-dire une liberté qui définit ses décisions en fonction de ses instincts (souvent basés sur la peur). Le plus haut degré est celui de la liberté éclairée, c'est-à-dire la possibilité d'agir en connaissance de cause, en ayant des raisons de faire tel ou tel choix. Par exemple, on choisit plus librement son orientation professionnelle lorsque l'on connaît les différentes filières. Finalement, les animaux ne sont pas libres car agir selon les peurs, les désirs et les besoins n'est pas une véritable liberté.

Dès lors, être libre, ce n'est pas refuser toute autorité, mais choisir celle à laquelle on obéit.

J'ai le libre arbitre : Obéir à mon ego (individuel/collectif) ou à ma conscience. En réalité, je suis libre de m'engager à obéir à mon autorité intérieure.

Une liberté sans engagement est une liberté sans action. Chaque action mise en place apporte son lot de contraintes.

Ainsi, la liberté consiste non pas à céder à tous les désirs de mon corps émotionnel, mais à être capable de m'engager par ma décision et ma volonté.

M’affranchir de toute autorité extérieure à celle de mon âme et ma conscience. Celle-ci est à reconquérir sans cesse et elle implique une responsabilité absolue.

La seule liberté possible est de reconnaître que j’ai toujours le choix de faire autrement. Qui veut agir trouve des moyens, qui ne veut pas agir trouve des excuses ! Si je dis « je ne peux pas » je mens. La vérité, c’est que je choisi de ne pas perdre mon confort actuel. Cette conception de la liberté est très morale car elle engage une responsabilité absolue.

Ainsi le seul obstacle à ma liberté serait de ne pas la reconnaître, de vouloir y renoncer par lâcheté. Mais alors, ce n'est même pas à la liberté que je renonce mais à sa jouissance. En ce sens, être libre serait non pas éviter les obstacles, toute forme d'autorité extérieure, mais au contraire de m’'y confronter.

La liberté résulte de l'engagement en ma volonté à surmonter les contraintes. À ce titre, elle est possible. Je suis libre lorsque je me donne une direction, que je suis responsable. Tout obstacle n'est donc pas aliénant.

Les contraintes extérieures doivent être non pas niées, mais comprises et dépassées. La liberté consiste alors en une libération continue de toute autorité extérieure pour finalement construire ma propre autorité intérieure, garante d'une liberté responsable.

---

b) Oui à l'autorité intérieure

Obéir à mon autorité intérieure, c'est me donner les moyens dans la mise en pratique de ma divinité sur terre, et ce, dans tous les aspects de ma vie !

Spirituellement :

- Lorsque je suis dans la difficulté, les réponses à mes questions se trouvent en moi, dans mon âme, j'apprends à me faire confiance car je possède les qualités divines, c'est à moi de les trouver. Si je veux progresser, je vais voir un enseignant incarné qui vit la même condition humaine que moi.

- Je m'engage à fréquenter des personnes engagées elles aussi dans leur éveil spirituel. J'ai conscience que si je ne le fais pas, je vais retomber dans mes vieilles habitudes et que c'est l'ego collectif qui va mener ma vie. Je nourris mes pensées et mes comportements en m'engageant régulièrement à assister à des conférences, séminaires et j'utilise les outils de développement dans ma vie de tous les jours.

- Je me donne le droit à l'erreur et de me tromper. J'apprends à être indulgent envers moi-même, puis envers les autres.

- J'utilise la méditation ponctuellement pour me recentrer et calmer mes cellules. Je me crée mon propre mantra en cas de difficulté pour me recentrer. Par exemple, en cas d'urgence, je peux me répéter « Je suis créateur de ce qui m'arrive », « Carte blanche à mon âme », « Je fais place à l'être divin », « Tout est parfait pour mon évolution », « C'est moi qui me crée cette expérience », « Je suis paix et amour infini », « Je garde confiance », etc....

Financièrement :

- Je crée mon propre emploi et ma vie professionnelle me plaît, elle est à mon image et à ma ressemblance et me permet d'expérimenter qui je suis. Je me fais payer avec des monnaies alternatives (JEU, SEL, etc...) ou en espèces. J'évite au maximum ma collaboration avec des banquiers.

- J'achète en fonction de l'argent dont je dispose dans mon présent.

- Je règle mes achats en espèces et ne demande pas de facture.

- Je privilégie mes achats auprès des producteurs locaux et j'achète beau, bon et cher. Je paie le prix juste car je m'aime et j'aime l'autre. Je fais des affaires gagnant/gagnant. Si je n'ai pas les moyens, je m'abstiens, je remercie mon âme et fais taire mon corps de désir.

- Je fais régulièrement le tri chez moi et je vis dans la simplicité volontaire. Je n'achète que ce dont j'ai réellement besoin et me débarrasse du reste. Mon lieu de vie est épuré et simple.

- Si j'ai trop d'argent, je peux :

- régler mes dettes et rembourser les personnes auxquelles je dois de l'argent.

- investir sur mon être et m'offrir stages, formations, ateliers, massages, séances de bien-être, voyages, etc… et m'alléger pour les tâches difficiles (travaux, etc…).

- en prêter aux personnes autour de moi et qui en ont besoin. Guérir mes peurs du manque et choisir avec discernement à qui je prête, tout en vérifiant que je le fais sans attente de résultat et que je suis prêt à perdre cet argent. J'écris un contrat signé et daté, avec les étapes de remboursement clarifiées. Si je ne veux pas prendre de risque, je peux demander une garantie pour le remboursement en gardant un objet de valeur, à rendre après le remboursement. Cet exercice est parfait pour apprendre la communication authentique et prendre ma souveraineté.

- En dernier lieu, je peux investir sur ma sécurité et mon autonomie (réserve alimentaire, eau, panneaux solaires, stocks de graines, filtres pour l'eau, etc...).

- Je m'investis dans ma communauté, je vais voir mes voisins, je fais connaissance avec eux, nous échangeons des services et nous apprenons à nous connaître.

- Je paye mes achats le plus possible en JEU ou en monnaies locales (SEL, etc...) et me débarrasse progressivement de la monnaie fiduciaire qui n'aura plus aucune valeur dans le nouveau monde. Je crée mon paradis sur terre.

- J'écoute des artistes locaux qui n'ont pas vendu leur âme auprès des multinationales.

Vie affective :

- Je vis un partenariat affectif et évolutif sur mon chemin et cela ne concerne que moi et la personne avec laquelle je vis.

- Je pars de temps en temps faire des voyages seul, dans un pays étranger, pour me retrouver sans le regard de mes proches.

- Je suis incarné pleinement et je vis au moment présent, libre de toute prison familiale, j'appelle mes parents par leur prénom et mets fin à leur rôle de sauveur ou pourvoyeur. Je les remercie de m'avoir élevé jusqu'à l'autonomie et j'honore les erreurs que mon ego juge. J'aime les parents que je me suis créés à mon image et à ma ressemblance et les remercie pour les miroirs de moi-même qu'ils m'ont montrés.

- J'aime sans jugement l'expérience si je suis attiré par une personne du même sexe que moi.

- Je m'entraîne à dire la vérité en tout temps, quand une personne m'invite et que je n'ai pas envie de la voir, je le lui dis sans explication ni justification. Je me guéris de l'amour des autres. Je vais à l'essentiel et n'enrobe pas mes besoins de mensonges inconscients. Par exemple, au lieu d'appeler un ami pour lui demander comment il va, je rectifie et lui dis « Je t'appelle pour satisfaire mon besoin de reconnaissance et de relation. » - Je ne dis pas « Je t'aime ». Au lieu de cela, j'exprime à la personne ma peur de l'abandon et dis la vérité «J'ai besoin de me sentir rassuré ». Mes relations deviennent claires et authentiques.

- Je m'entoure et privilégie les relations qui me font grandir. Je quitte les autres relations progressivement, j'exerce mon libre arbitre.

- Je me crée une famille de cœur, de communion d'esprit, cela me fait du bien et m'encourage à continuer sur mon chemin.

Santé :

- Si je me sens triste, j'accueille ma douleur et je la remercie pour les prises de conscience qu'elle me permet de faire et j'agis afin de me réajuster ensuite. Je remets l'ordre dans ma vie. Je peux éventuellement m'aider par les fleurs de Bachs.

- Si je suis malade, je prends plus de temps pour moi et me repose. J'attends et j'écoute à l'intérieur de moi avant de prendre des décisions. Éventuellement, je me fais aider par des thérapies naturelles (acupuncture, plantes médicinales, litho-thérapie, etc...), et n'utilise l'allopathie qu'en dernier recours, selon ce que je peux supporter.

- Je mange des produits bios et privilégie le végétarisme sans tomber dans les dogmes alimentaires.

- J'honore mon corps et je fais de l'exercice physique plusieurs fois par semaine. Je lui apprends la volonté, la souplesse et la beauté. J'aime mon corps et je le dis haut et fort !

- Je fais la différence entre besoins nutritifs et désirs gustatifs.

- Je dors lorsque j'ai sommeil et je mange quand j'ai faim sans faire attention aux horaires.

- Je lis les avis médicaux différents (livres anti-vaccination, contre-vérité sur le sida, l'ostéoporose, le cholestérol, etc…) et me fais ma propre opinion.

c) Du déni à la résilience

Plus je monte en conscience, plus je vois la réalité telle qu'elle est et non telle que je voudrais la voir.

Je prends d'abord conscience que je me crée l'enfer sur terre et que c'est ce qui me tue. Si je fais le choix d'évoluer, mon âme ne m'apportera pas d'expérience négative, car elle est amour pur. Simplement, avant de manifester l'amour pur, l'abondance et la santé illimitée, elle va en premier lieu révéler ce que je porte et qui ne tourne pas rond.

Par exemple, si je suis dans un emploi involutif, mon âme me fera vivre un licenciement (économique, faute professionnelle, etc…) ou encore, si ma relation de couple est bancale, et que je dois en partir, mon âme me fera découvrir que mon partenaire me ment et qu'il me trahit.

Cela engendre une période de perturbation égotique.

J'ai le choix. Je peux me comporter avec une conscience de victime et m'apitoyer sur mon sort ou me comporter avec la conscience créatrice et réaliser que je me suis créé la perte de mes illusions par amour pour moi.

Selon mon état de conscience, je vivrais les choses différemment.

Si je suis dans une conscience de victime, je vivrais la perte de mes illusions en 5 étapes qui sont les étapes du deuil, comme décrites par Élisabeth Kübler-Ross :

- Le déni : Je continue à m'accrocher à mon illusion et ne réalise pas que les choses ont changé. La réalité peut se montrer aussi grosse qu'un éléphant dans une pièce mais je ne le vois pas.

- La colère : J'ai le sentiment de vivre une injustice. Quelque chose me sort de mon confort. Je cherche à me défendre et peux devenir agressif.

- Le marchandage : J'invente moult solutions pour négocier, trouver des alternatives, des solutions, tout pour ne pas perdre mon confort, ma sécurité et pouvoir faire marche arrière.

- La dépression : Je constate qu'il n'y a rien à faire, l'illusion est tombée et je me sens démuni. Mon ego coupe l'énergie à mon corps vital, je suis déprimé, je n'ai plus d'espoir ou d'énergie. Cette étape est normale et n'a rien d'une maladie mentale.

- L'acceptation : Je fais face à la nouvelle situation et je me résigne à vivre ma vie ainsi et à la reconstruire.

Je vis ces cinq étapes en tant que victime car je ne réalise pas que c'est moi qui me crée un cadeau magnifique pour évoluer.

Se défaire des autorités extérieures… pour enfin croire en soi !

Or, si je perds mes illusions et que je le vis avec la conscience créatrice, les étapes sont différentes :

- L'acceptation véritable :

Je décide de me vouer à évoluer spirituellement dans tous mes corps. Je fais un don à mon âme de mes attachements. Je n'ai pas à réfléchir pourquoi je vis les choses avec mon corps mental et j'arrête de me prendre la tête. Je garde confiance car je sais que tout est parfait par amour pour moi.

Par exemple, si je perds mon emploi ou une relation subitement, je me souviens de qui je suis, créateur illimité. Je fais don à mon âme de mon travail ou de cette relation et je sais que tout est parfait. Je me libère de mes attaches et je respire.

- La résilience :

Cette phase n'a rien à voir avec l'acceptation des étapes du deuil qui est une acceptation résignée. Il s'agit ici d'une acceptation créatrice, c'est-à-dire que j'ai conscience que la perte me permettra d'avancer sur de nouvelles expériences qui me feront expérimenter qui je suis et de le réaliser. La résilience est ma capacité à construire à partir des expériences que j'ai vécu. L'auteur Boris Cyrulnik a écrit un excellent ouvrage sur le sujet avec de nombreux témoignages vécus d'enfants maltraités ou déportés pendant la seconde guerre mondiale dans son livre *« Un merveilleux malheur »*.

Exercice :

- Je m'engage dès aujourd'hui à passer à l'action. Je choisis mon engagement et j'inscris la date de commencement et la date de fin. La date de fin me permettra de renouveler mon engagement ou d'arrêter si je fais l'expérience qui ne me convient pas.

- Je prends un engagement par domaine de vie (travail, santé, famille, argent, spiritualité, etc…) et je fais preuve de volonté pour le faire jusqu'au bout.

- Je vérifie que mon engagement dépend de moi, qu'il est contextualisé, clair et précis, écologique (qu'il ne créera pas de nouvelles conséquences négatives pour moi ou pour les autres), réalisable et mesurable.

Se défaire des autorités extérieures... pour enfin croire en soi !

Synthèse :

- ❖ La liberté est l'acte par lequel la volonté choisit.
- ❖ Tout changement provoque des résistances au début.
- ❖ Lorsque je donne le feu vert à mon âme, elle va d'abord faire un grand nettoyage et faire tomber ce qui était faux. Je peux vivre la situation en victime (avec les 5 étapes du deuil) ou avec la conscience créatrice.
- ❖ Je m'abandonne à mon âme et je vais avec l'évolution qu'elle me propose. Tout est parfait !

Mon témoignage

J'ai toujours été gourmand dans mes engagements, rempli de bonnes résolutions, mais sans avoir une conscience intégrée des efforts à fournir.

Par exemple, je me souviens m'être inscrit à une salle de sport avec un engagement d'un an et m'être promis d'y aller trois fois par semaine pendant deux heures.

Le premier mois, l'engagement a été tenu puis le deuxième mois, le manque de motivation fit son apparition. Il m'était devenu difficile de le tenir.

Je constatai que tenir mon engagement me demandait une volonté quasi inaccessible et que je ne prenais plus aucun plaisir à me rendre à la salle de sport.

J'avais des courbatures intenses et pas assez de temps de récupération. J'ai réalisé que l'engagement était pris à partir d'une mauvaise connaissance de moi-même.

J'ai renégocié mon engagement. J'ai décidé de continuer à me rendre à la salle de sport trois fois par semaine, mais d'en repartir dès que je ressentirais de la souffrance physique, au lieu de tenir absolument deux heures comme je l'avais dit au départ.

Par la suite, j'ai eu à de nombreuses reprises l'envie de renégocier à nouveau et de n'y aller plus qu'une fois par semaine. Seulement, j'ai constaté que je m'étais engagé pendant un an et que si je voulais grandir dans mon autorité intérieure et dans la confiance en moi, je devais me respecter dans mes décisions. J'ai donc terminé mon engagement sur la période d'un an (je me suis accordé quelques absences) et je n'ai pas renouvelé à l'issu de celui-ci.

Un autre aspect dans l'engagement est celui du sabotage.

En 2008, je me suis lancé dans un cursus entier de formation en PNL (Programmation Neuro-Linguistique) et j'ai réalisé un cursus réparti sur quatre ans pour devenir « Enseignant PNL » certifié.

Ce cursus comprenait deux ans de supervision dans une pratique professionnelle après avoir été Maître Praticien, je devais être disponible en tant que personne ressource dans une école, à me former à d'autres techniques psychologiques (j'ai choisi l'Analyse Transactionnelle d'Éric Berne) et obtenir la signature de deux enseignants d'écoles différentes en fin de cursus afin de valider les compétences.

Peu avant la certification, je fus en proie à mon ego qui me donnait des justifications du genre :

-« Pourquoi veux-tu que ce soit l'extérieure à toi même qui te valides ? Tu sais bien la valeur que tu as ».

- « Maintenant que tu as appris et que tu sais faire, tu n'as pas besoin de terminer ton cursus, laisse tomber ».

J'ai bien failli annuler ma présence lors de la certification. Puis j'ai constaté que dans ma vie, à différentes reprises, mes projets n'avaient pas abouti et que derrière se cachait la peur de l'échec et du feed-back extérieur.

Cela m'a demandé un effort conséquent pour ouvrir ma conscience au sabotage que je m'infligeais et pour me rendre ensuite aux différentes étapes de certification.

Je les ai obtenues et j'ai pu avoir de bons conseils dans la pratique de mon métier.

Aujourd'hui, je n'ai plus besoin de me raccrocher à la certification pour connaître ma compétence, mais il était important, dès lors que j'étais en phase d'apprentissage, d'obéir à mon autorité intérieure qui avait décidé de se soumettre à l'avis de tierces personnes ayant plus d'expérience que moi dans le domaine en question.

L'autorité intérieure n'empêche en rien l'humilité.

Se défaire des autorités extérieures… pour enfin croire en soi !

---

d) Les pièges sur la route du chercheur

Voici une liste des différents pièges dans lesquels je peux tomber, et me retrouver à nouveau à vivre l'enfer sur terre !

- Les tentations :

  Je dois avoir conscience que si je reproduis mes comportements passés, j'aurai les mêmes résultats. Je dois donc prendre conscience de ce qui peut me faire revenir sur mes choix comme :

  - La facilité : par exemple, reprendre un travail que je n'aime pas parce que mon CV est bien fournit et que j'ai plus de chance de me faire embaucher dans ce que je faisais avant.

  - Le confort immédiat : prendre mes décisions parce que je suis trop pressé. L'ego veut et vite ! Je peux me décourager et tout plaquer en cas de difficultés.

  - Les habitudes : je n'ai pas envie de changer et quand j'adopte de nouveaux comportements, je ressens en moi ou autour de moi **des résistances**.

- La comparaison avec des idoles spirituelles :

  Si je me mets en colère, ou que je suis déprimé, je me compare avec des maîtres spirituels. Mon ego me dit « tu ne devrais pas te mettre dans cet état si tu étais quelqu'un de spirituel ! ». La réalité c'est que je n'ai aucune idée de comment se comportent ou vivent les personnes que je juge plus avancées que moi. Au lieu de m'éveiller, ces images se retournent contre moi et je m'en sers pour me faire souffrir à nouveau.

- Être inconscient de mes choix :

Quand j'ai deux besoins qui se font la guerre, je choisis de donner priorité à celui qui me semble le plus juste sur le moment. Hors, une fois celui-ci comblé, l'autre besoin frustré fera son apparition et mon juge intérieur arrivera.

Par exemple : je suis en soirée avec des amis que je n'ai pas vu depuis longtemps. Le lendemain, je dois me lever tôt pour aller travailler mais j'aimerais rester et profiter de la soirée. Je choisis de rester plus tard. Le lendemain, me voilà très fatigué au travail, et mon ego fait surface et me culpabilise en me disant « tu vois tu aurais dû rentrer plus tôt » !

Si je fais le choix inverse, mon ego arrivera le lendemain en me disant « tu aurais pu rester plus longtemps et profiter de la soirée avec tes amis pour une fois » et me revoilà pris avec la culpabilité.

Dans les deux cas, je n'ai pas fais de choix conscient.

Un choix conscient implique que je sais qu'une fois que mon désir sera satisfait, il entraînera **une frustration** pour la partie de moi-même non comblée.

Se défaire des autorités extérieures... pour enfin croire en soi !

Sachant cela, je fais mon choix consciemment. Quand la frustration arrive, je peux l'accueillir avec sérénité et sans culpabilité car j'assume les conséquences de mon choix.

« Ok ce soir je fais ce choix, sachant très bien que demain, je serai frustré, mais c'est ok pour moi. »

- Confondre acceptation et refus d'évoluer :

Ce piège consiste à se dire « tout est parfait » alors que j'ai un défaut apparent et que je sais que je peux faire quelque chose pour y remédier. Dans ce cas, je dois faire de mon mieux, c'est-à-dire me donner à cent pour cent pour progresser et évoluer. L'acceptation sur ce que je ne peux pas changer pour l'instant se fait avec plus de sérénité si je sais que je me suis donné au maximum.

- Le piège du fanatisme

Parce que je fais confiance aveuglément à un enseignant ou à un livre, j'applique dans ma vie de nouveaux comportements alors que je suis sans expérience.

Par exemple, je peux lire que l'être évolué se détache de la sexualité, mais avoir une libido encore très ancrée. Si je m'empêche de vivre ma sexualité sous prétexte de mon évolution spirituelle, je suis rapidement confronté à la frustration et je rencontre des résistances terribles. C'est un peu comme si un enfant cassait ces jouets sous prétexte de vouloir grandir et devenir un adulte.

Ici, je n'obéis plus à mon propre rythme, et je m'impose une discipline spirituelle persécutrice et normative.

Si je me fais confiance, je peux distinguer, dans ce que je découvre, ce qui fait résonance avec mon vécu et ce qui m'encourage à continuer là où j'en suis dans mon instant présent, en fonction de mon état de conscience.

- Confondre jugement et constat

Lorsque mes illusions s'effondrent, mon ego peut se servir des outils de développement pour rester attaché aux mensonges. Je peux, par exemple, vivre une relation qui ne marche plus, et me dire lorsque je baisse les bras, « ce n'est pas le moment de passer à autre chose, car je suis sous des croyances et des jugements négatifs ». Ici, mon ego manipule les outils de développement pour éviter de se confronter à la réalité des faits, et évoluer.

- L'entourage ne comprend pas la démarche

Je cherche à vouloir convaincre les personnes autour de moi et je les juge du haut de ma spiritualité. Je suis agacé car je ne comprends pas qu'elles restent aveuglées. Ici, je me sers de mes outils spirituels pour me séparer de mes proches et m'estimer supérieur. Je n'ai pas à convaincre qui que ce soit, simplement à prêcher par mon exemple. Si je fais des choix qui font peur à ma famille, je les écoute et utilise la communication non violente.

- Rester dans une tour d'ivoire :

Se défaire des autorités extérieures… pour enfin croire en soi !

Le mutisme n'est pas la bonne solution non plus. Je n'ai pas à m'enfermer et à ne vouloir fréquenter que des personnes qui me servent dans mon évolution. Je n'ai pas à éviter des sujets de désaccords avec mes proches. Je peux partager ma vérité, et je prends conscience que même si une opinion n'est pas acceptée sur le moment, elle peut faire son chemin par la suite, lorsque l'autre sera prêt. Je me réjouis de partager ma vérité du moment, sans faire la guerre.

- L'attente de l'éveil :

Si je quête l'éveil, il ne viendra pas. En réalité, l'éveil est toujours là, c'est simplement qu'il ne se manifeste pas parce que mon esprit est occupé à le chercher (entre autre). Je fais l'expérience de la vie, je m'abandonne et je sais que cette expérience arrivera au bon moment pour moi, comme le fruit qui tombe dès lors qu'il est assez mûr. On ne tire pas sur les tiges d'une fleur pour qu'elle pousse plus vite !

Mon témoignage sur l'éveil :

En février 2009, alors que je chemine sur la sagesse Toltèque depuis quelques années, je décide de faire le saut et m'offre l'initiation au Mexique sur le site sacré de Théotihuacan.

Durant la semaine de voyage, Claudia, l'enseignante, me fait découvrir avec bienveillance les aspects les plus sombres de moi-même, et m'apprend progressivement à les accueillir pour les transformer.

Vers la fin du stage, elle nous emmène à Tolantongo, une réserve naturelle, pour y vivre un processus avec le milieu naturel, mais sans trop nous expliquer le travail que l'on y fera.

Nous sommes accompagnés par Victor, un indien habitué par cette sagesse, et vivant principalement en contact permanent avec la nature.

Nous nous dirigeons vers une source d'eau chaude et volcanique. Claudia nous explique que nous allons effectuer une cérémonie de mort et de renaissance.

L'idée est de patienter les yeux fermés dans l'eau et de poser la question intérieurement « quel est le plus grand mensonge auquel je crois dans ma vie » et de le laisser ici, pour mourir à cela. Nous nous laissons ensuite guidé par

---

Victor dans une grotte au fond de laquelle nous vivons une période de gestation avant de renaître.

Je suis heureux de pouvoir vivre une expérience spirituelle, et nous nous installons. Je ferme les yeux, et j'attends un long moment. Mon ego voudrait tricher et les ouvrir pour voir ce qu'il se passe autour de moi, mais je suis bien décidé à vivre l'expérience jusqu'au bout sans me saboter.

Je commence à ressentir certaines peurs grotesques et mon mental menteur me raconte des histoires du genre « comment peux-tu t'abandonner comme cela au fond du Mexique à des personnes que tu ne connais pas et les laisser faire ce que tu veux de toi ? Si tu es porté disparu, personne ne saura où tu étais ! ». Je ris intérieurement de mes peurs.

Puis j'attends, et j'attends encore. Le groupe est constitué d'une dizaine de personne, et je sais que Victor ou Claudia viendront chercher chacune des personnes avant de les emmener dans la grotte. Mais le temps passe lentement et je commence à me dire qu'ils ont dû m'oublier, mais que comme je reste là les yeux fermés dans l'eau, le groupe va finir par me laisser tout seul.

Je reçois une forte sensation de vérité à l'intérieur de moi. Je viens de mettre la main sur le plus grand mensonge de ma vie « je suis tout seul et on va m'oublier ». Je décide de m'abandonner à l'expérience et laisse ma peur de côté. Quelques instants plus tard, je sens une main bienveillante toucher la mienne, et j'entends la voix de Claudia dans mon oreille me dire « Tu n'es pas seul » !

Coïncidence ? Transmission de pensée ? Je ne le sais pas. Les larmes montent, et je m'abandonne. Je me lève et me laisse guider. Il y a beaucoup de courant avant de rentrer dans la grotte et je n'ai presque plus pied. Je suis obligé de nager à contre sens. J'ai le sentiment de revivre ma conception. Arrivé dans un long tunnel, j'attrape une corde qui longe une longue paroi rocheuse. Je ne vois plus de lumière derrière mes paupières et prend conscience que je m'enfonce de plus en plus profondément dans la grotte. Claudia me dit qu'elle me laisse seul et que je dois continuer jusqu'au bout, qu'elle viendra me chercher en temps voulu pour la renaissance.

Il y a une cascade d'eau qui résonne à la sortie du lieu et cela m'assourdit. Je continue mon périple avec détermination et lâcher prise. Je n'ouvre pas mes yeux, je suis immergé dans l'expérience, et je me sens comme un spermatozoïde voulant atteindre l'ovule.

Après quelques minutes, j'arrive au fond du tunnel près d'une paroi rocheuse. L'eau est très chaude, j'ai la sensation de baigner dans le liquide maternelle. Je me sens de plus en plus petit, et humble. Je me blottis contre la roche humide, et je ressens un amour me traverser, considérable. Je prends conscience que je ne suis pas seul, et que tout est amour en réalité.

Mon mental décroche, et je ne fais plus qu'un avec le lieu, et avec le tout. Je suis traversé par quelque chose de doux, et qui me dépasse. Je me sens ému et vis un état d'abandon et de transcendance impossible à décrire avec des mots.

Au bout de plusieurs minutes, je sens Claudia arriver vers moi, et je pleure toute les larmes de mon corps. Jamais je n'ai ressenti que je faisais autant l'unité avec la création. Jamais je ne me suis senti aussi aimé, accueilli, en total sécurité.

J'ai la forte intégration que je n'ai jamais été seul, et qu'il y avait toujours avec moi mon âme, et son amour, et que mon âme se fondait aussi dans le grand tout. Il n'y a aucune séparation, c'est l'unité.

C'est le moment de la renaissance, Claudia me couche sur le dos, et je me laisse flotter et guider par le courant. J'entends que j'approche de plus en plus de la cascade d'eau, Victor me rejoint et je l'entends me dire « renais à la vie ». Derrière mes paupières, je suis soudain ébloui par une vive lumière, et des trombes d'eau chaude tombent sur mon corps. Je viens de renaître. J'ouvre les yeux, et il me faut quelques instants pour revenir à moi. Je viens de vivre une expérience d'éveil et d'unité que je n'avais jamais connu. Je regarde autour de moi, et il n'y a personne.

Au bout de quelques instants, je vois les autres renaître et sortir à leurs tour. Moi qui pensais qu'on m'avait oublié, j'ai, en réalité, été la première personne à renaître !

Se défaire des autorités extérieures… pour enfin croire en soi !

Chapitre 6 : Un monde nouveau

a) Une nouvelle espèce sur terre

L'humanité arrive à la fin de l'inconscience et de sa lente gestation. La conscience monte et je suis prêt à naître dans ma totalité d'être divin, merveilleux, tout-puissant et immortel que je suis.

Comme toute gestation, le moment de l'accouchement arrive, apportant son lot de turbulences : séisme, catastrophe naturelle, crise économique, crise morale, crise sanitaire, crise sociale. Le monde n'a jamais été aussi mal. Pourtant, toutes ces crises n'en comportent qu'une seule. Comme le dit Satprem, « c'est d'une crise évolutive dont il s'agit »!

Les vibrations de vérité émergent et transpercent le voile d'illusion. Ainsi, tous les mensonges arrivent à la surface et tout ce qui repose sur ces mensonges éclate en même temps qu'eux : famille, argent, économie, religion, médecine, etc…

Les bébés inconscients rêvent d'un monde amélioré, plus éthique, plus écologique, avec plus de justice. Certains bébés refusent de sortir du ventre de maman et s'étranglent avec le cordon, préférant rester accrochés au milieu dans lequel ils baignaient, alors que la gestation touche à sa fin.

La poche des eaux cède, le confort et la sécurité s'envolent, il est temps de sortir. Je ne sais pas ce qui m'attend une fois dehors. J'ai peur. C'est une nouvelle vie. Dès lors que je sors du ventre de maman, toutes mes perceptions changent. Avant, je me nourrissais et je respirais avec un cordon ombilical. Une fois dehors, il fait froid, je suis aveuglé, mes poumons se décollent et je respire pour la première fois, on coupe le cordon, je suis terrifié.

Pourtant, c'est le jour de ma naissance ! Je devrais me réjouir !

J'ai déjà vécu cela, des milliers de fois. Cette fois-ci, c'est l'humanité toute entière qui touche à la fin de son expérience pour venir accoucher du nouvel être, l'être divin.

Si j'ai conscience de qui je suis et de l'évolution, je me réjouis et je garde confiance. Je sais que tout est parfait, même si tout me fait peur.

Si je suis inconscient, je vais vivre les situations en tant que victime, je vais m'accrocher à mes illusions et m'effondrer avec elles.

A la différence du bébé qui ne comprend pas ce qui lui arrive, je bénéficie d'un mental évolué qui me donne accès au libre arbitre.

J'ai le choix. C'est à moi de décider ce que je vais faire de ma vie, et surtout, pourquoi je suis venu m'incarner ici.

Si je pense que je suis venu m'incarner pour mon confort, je me suis grandement trompé d'époque. De plus en plus, l'humanité rentre dans une asphyxie insoutenable, partout des guerres, des conflits et des désastres éclatent.

Je peux aussi réaliser que si mon âme a choisi de s'incarner à ce moment précis de l'humanité, c'est pour faire le bon évolutif et profiter de cette occasion parfaite dans le passage à la nouvelle espèce.

Comme le dit Sri Aurobindo, l'être humain n'est qu'un être de transition. Un être de transition entre l'animalité, gouverné par l'ego de survie, et l'être divin, gouverné par son âme et manifestant la perfection dans la matière.

Qu'est-ce qui m'empêche de faire le bond ? Toutes les attaches que j'ai mises en place dans ma vie. Celles-ci portent plusieurs noms : famille, parents, enfants, nom, armoiries, chevalière, ancêtres, patrimoine, bijoux, tableaux, photos, traditions, culture, rôles, métier, diplômes, profession, réputation, titres, ambitions, rêves, désirs, pays, patrie, royauté, religion, spiritualité, ordre, parti, organisation, amis, animaux, croyances, valeurs, pensées, idées, science, lois, armée, droits, privilèges, acquis, terrain, maison, lieu, biens, revenus, économies, salaire, apparence physique, vêtements, beauté, jeunesse, santé… c'est sans fin.

Pourtant, je suis venu faire le grand voyage et expérimenter qui je suis. Plus je me libère de mes attaches, plus la situation devient imprévisible et plus j'ai peur.

Se défaire des autorités extérieures… pour enfin croire en soi !

Mais de l'autre côté, plus je suis libéré, plus je me sens léger et plus je peux vivre dans la réalité, dans la conscience et plus je peux m'abandonner à mon âme et lui laisser le feu vert pour guider ma vie.

Ai-je la garantie que tout va bien se passer pour moi ? Aucune !

C'est encore mon ego de survie qui veut des garanties. La seule garantie que j'ai, c'est que si je continue à nourrir mon ego, je vais finir par vieillir, tomber malade et mourir. C'est la mort lente, garantie !

Quand je laisse carte blanche à mon âme, je n'ai absolument aucune idée de ce qu'elle va me créer. Mais je sais une chose : C'est que toute création de mon âme est parfaite pour mon évolution de conscience. A moi de savoir me faire confiance !

b) Sauter hors du bocal

Je vis depuis des millénaires comme un poisson dans mon bocal. Je tourne en rond sans cesse, du lundi au vendredi, le week-end je change de sens et je reprends ma danse infernale dès le lundi.

En tant que poisson, je passe ma vie à chercher à me nourrir et à manger le poisson plus petit que moi, tout en ayant peur de me faire manger par le plus gros poisson.

Lorsque je suis trop vieux et que je meurs, on me remplace par un poisson plus jeune. Que fait le poisson plus jeune ?

Il tourne du lundi au vendredi dans un sens, et le week-end, il change de sens en reproduisant continuellement les mêmes stupidités qu'ont fait ses ancêtres avant lui.

Or, il est temps d'évoluer et de se transformer. Pour cela, l'eau se fait de plus en plus rare dans le bocal. Il y a les poissons qui s'accrochent à leurs acquis et qui finissent par mourir asphyxiés. Ils cherchent les recoins du bocal plus vivables, une eau moins polluée, ils méditent pour trouver la sérénité ou apprennent des techniques de poissons pour être un meilleur nageur ou un poisson plus malin qui ne se fait pas manger.

Mais, il y a d'autres poissons qui réalisent que la vraie vie n'est pas dans le bocal et qu'ils ne sont en réalité pas des poissons !

Se défaire des autorités extérieures… pour enfin croire en soi !

Ces poissons-là se préparent au grand saut ! Ils voient les difficultés comme un cadeau évolutif qui leur permettra de sortir du bocal et de ne plus accepter leur condition de vie déplorable.

De toute façon, tout le monde meurt dans le bocal de la mort, heureux soient les fous qui osent tenter quelque chose de neuf, quelque chose de nouveau.

Il y aura toujours les poissons peureux qui se moqueront d'eux ou qui chercheront à les empêcher de vivre leur expérience, sous prétexte de la « protection ».

Mais les plus valeureux poissons se fichent des commérages et savent, parce qu'ils sentent à l'intérieur d'eux un appel, que la vérité doit émerger et qu'ils sont destinés à être quelque chose de bien plus grand et bien plus beau.

A eux de le décider !

c) Un transfert de pouvoir graduel

De tous les temps, j'ai vécu dans la peur. Mon ego de survie, voulant ma protection, m'a menti dans tous les domaines de vie : religion, politique, finances, santé, famille, éducation, etc...

Toutes les parties de moi-même sont encore infestées par le mensonge et par cet ego. A chaque événement, je dois prendre une décision et obéir à ce que je ressens.

Vais-je obéir à l'un des personnages de mon ego qui occupe un territoire dans mon corps (mental, vital, physique) ou vais-je donner le feu vert à mon âme pour que ce soit elle qui gouverne ma vie ?

Ce transfert de pouvoir se réalise petit à petit, un pas après l'autre. Avoir seulement conscience du changement ne me permet pas d'avancer, c'est par l'action que j'incarne qui je suis dans la matière.

A chaque avancée, je remets le pouvoir à mon âme qui connaît la justesse, l'amour et la paix parfaite. Je n'agis pas par dogmatisme spirituel non plus, mais simplement par ce que me dicte ma conscience sur le moment.

Quand tous les territoires de mes corps auront changé de gouvernance, je manifesterai physiquement le nouvel être, ainsi que la vie éternelle et le paradis sur terre.

Beltane

Septembre 2014

Se défaire des autorités extérieures… pour enfin croire en soi !

Si tu souhaites avancer avec moi dans ce chemin, tu peux trouver les stages que je propose ainsi que les conférences sur mon site

http://www.beltane.fr

Contact mail : infos@beltane.fr

Se défaire des autorités extérieures… pour enfin croire en soi !

Note de l'auteur et éditeur

Cet ouvrage est auto édité. Une célèbre maison d'édition en techniques spirituelles et bien être souhaitait le publier, mais au dernier moment, j'ai découvert que c'était l'équipe commerciale qui avait le dernier mot !

J'ai reçu ce courrier de l'éditeur : « Je suis vraiment navrée, mais je ne vais pas pouvoir donner une suite favorable à la publication de votre livre aux éditions XXXXX, malgré la qualité de votre texte et votre engagement au niveau commercial. Votre texte a été jugé trop personnel et trop « marginal » pour permettre une identification du lecteur, avec des outils de développement personnel qui eux, sont déjà connus de ce genre de public… Ainsi, le retour que j'en ai eu n'est pas du tout négatif, mais pas assez « grand public » ce qui laisse plutôt envisager, en effet, une publication à compte d'auteur pour les quelques raisons que je vous ai citées. »

Tout est parfait, et cette décision m'a permis, une fois de plus, d'évoluer en conscience et de constater que nous assistons à l'uniformisation de la pensée des masses, et cela, même dans les milieux dits « spirituels et évolutifs», c'est l'argent qui mène le troupeau de moutons !

Ce livre est donc distribué par mes soins, et par des personnes souhaitant participer à cette aventure. Si tu ressens l'envie d'y contribuer, et que tu souhaites partager mon témoignage chez des libraires, associations ou autres lieux, contactes moi, et je t'enverrai des exemplaires avec des escomptes sur la quantité !

Ange Beltane

Se défaire des autorités extérieures… pour enfin croire en soi !
